基础会计课程练习册

主编　晁海翔

西北工業大學出版社

【内容简介】 本练习册是《基础会计》（晁海翔主编，西北工业大学出版社出版）教材的配套用书，篇章安排与教材保持一致。各章分为内容导学和同步练习两部分内容。内容导学由学习目的和基本要求，基本概念，学习重点、难点和考点等构成。同步练习则通过灵活的题型、全面的覆盖、充分的演练以提高学生认识问题和解决问题的能力，特别是实际操作能力。

图书在版编目（CIP）数据

基础会计课程练习册/晁海翔主编．—西安：西北工业大学出版社，2012.5（2017.6 重印）

ISBN 978-7-5612-3349-8

Ⅰ.①基…　Ⅱ.①晁…　Ⅲ.①会计学—教材　Ⅳ.①F230

中国版本图书馆 CIP 数据核字(2012)第 102008 号

出版发行：西北工业大学出版社
通信地址：西安市友谊西路 127 号　　邮编:710072
电　　话：(029)88493844　88491757
网　　址：www.nwpup.com
印 刷 者：陕西向阳印务有限公司
开　　本：727 mm×960 mm　1/16
印　　张：10.25
字　　数：174 千字
版　　次：2012 年 5 月第 1 版　　2017 年 6 月第 3 次印刷
定　　价：19.00 元

前　　言

本练习册是《基础会计》（晁海翔主编，西北工业大学出版社出版）教材的配套用书，目的是为了帮助学生更好地学习会计的基本理论和实务操作技术，准确把握课程的基本内容。

本书的篇章安排与《基础会计》教材篇章保持一致。各章分为内容导学和同步练习两部分内容。内容导学由学习目的和基本要求，基本概念，学习重点、难点和考点等构成。同步练习则通过灵活的题型、全面的覆盖、充分的演练以提高读者认识问题和解决问题的能力，特别是实际操作能力。

本书由西北工业大学网络教育学院组织策划，由晁海翔主编。具体编写分工如下：第一章由晁海翔编写；第二、四、五章由冯琳编写；第三章由王志敏编写；第六、七章由翟晓宁编写；第八章由李亚芹编写；第九章由薛志伟编写；第十章由王志琴编写；综合测试题由冯琳、翟晓宁编写。

由于水平所限，书中疏漏和不当之处难免，恳请读者批评指正。

编　者

2012年1月

目　录

第一章 总 论

内容导学

一、学习目的和基本要求

通过总论的阐述，了解会计的产生、发展、特点及会计的一些基本概念。理解会计的定义，掌握会计的基本职能，明确会计的目标。熟悉会计对象，掌握会计核算的基本假设和一般会计原则，掌握会计信息质量的要求，掌握会计核算方法，明确会计核算方法的组成内容和相互关系。

二、基本概念

会计，会计对象，会计基本职能，会计基本假设，会计信息质量要求，会计核算方法。

三、学习重点、难点和考点

(1)会计概念与会计职能。

(2)会计对象。

(3)会计信息质量要求。

(4)会计基本假设和会计基础。

(5)会计核算方法。

同步练习

一、单项选择题

1. 会计的基本职能是(　　)。

A. 反映和核算　　B. 预测和核算

C. 监督和分析　　D. 反映和监督

2. 会计假设包括会计主体、(　　)、会计期间和货币计量四个方面的内容。

A. 实际成本　　B. 配比原则
C. 持续经营　　D. 会计准则

3. 会计的职能不具有(　　)。

A. 连续性　　B. 主观性
C. 系统性　　D. 全面性

4. 进行会计核算，提供的信息应当以实际发生的经济业务为依据，如实反映财务状况和经营成果。这符合(　　)。

A. 历史成本原则　　B. 配比原则
C. 可靠性原则　　D. 可比性原则

5. 在会计方法体系中，基本环节是(　　)。

A. 会计核算方法　　B. 会计分析方法
C. 会计监督方法　　D. 会计决策方法

二、多项选择题

1. 会计主体假设解决并确定了(　　)。

A. 会计核算的空间范围　　B. 会计核算的时间范围
C. 会计核算的计量问题　　D. 会计为谁记账的问题

2. 我国的会计规范包括(　　)。

A. 会计法　　B. 企业会计准则
C. 会计制度　　D. 增值税条例

3. 我国企业会计准则的层次包括(　　)。

A. 基本准则　　B. 具体准则
C. 应用指南　　D. 财务通则

4. 根据我国《企业会计准则——基本准则》规定，会计信息质量要求包括(　　)。

A. 可靠性　　B. 可理解性
C. 实质重于形式　　D. 谨慎性

5. 会计核算方法包括(　　)。

A. 成本计算和财产清查　　B. 设置会计科目和复式记账
C. 填制和审核会计凭证　　D. 登记账簿和编制会计报表

三、判断题

1. 卢卡·帕乔利著作的出版，一般被认为是会计发展史上具有里程碑意

义的事件。（　）

2.会计可反映过去已经发生的经济活动，也可反映未来可能会发生的经济活动。（　）

3.会计主体应该是独立核算的经济实体。（　）

4.企业、事业单位的会计核算，均应以权责发生制为基础。（　）

5.狭义的会计方法是指会计核算方法。（　）

第二章　账户和借贷复式记账法

内容导学

一、学习目的和基本要求

本章阐述会计核算特有的两大方法——账户和复式记账。学习本章要求理解会计要素的划分原则和划分方法，重点掌握会计等式中各个会计要素之间的关系以及经济业务发生后对会计等式中各个会计要素的影响，明确会计科目的作用以及科目内容和科目级次，进而掌握设置账户的必要性以及账户的基本结构。会计科目和会计账户的学习是理解、掌握复式记账的必要前提。复式记账的基本理论和方法是基础会计这门课程的核心内容。本章阐述复式记账的理论与方法，要求理解复式记账的特点，着重掌握复式记账的记账符号、账户结构、记账规则和试算平衡。通过本章的学习，要能深刻理解和熟练掌握账户和复式记账，为以后各章的学习打下坚实的基础。

二、基本概念

会计要素，会计科目，会计账户，借贷记账法，复式借贷记账法，会计分录。

三、学习重点、难点和考点

(1)会计要素。
(2)会计科目与会计账户。
(3)借贷记账法的特点。
(4)总账与明细账的平行登记。
(5)会计分录的编制。

同步练习

一、单项选择题

1. 下列引起资产和负债同时增加的经济业务是(　　)。

A. 用银行存款购买电脑一台　　B. 以现金支付前欠货款

C. 收回应收账款存入银行　　D. 购买材料一批,货款尚未支付

2. 在下列等式中,(　　)是会计恒等式。

A. 资产＝权益

B. 资产＝债权人权益＋业主权益＋利润

C. 资产＝负债＋所有者权益

D. 资产＝负债＋所有者权益＋收入

3. 在那些既要进行总分类核算又要进行明细分类核算的经济业务发生后,总分类账户和其所属的明细分类账户的登记必须采用(　　)。

A. 复式记账法　　B. 平行登记法

C. 补充登记法　　D. 试算平衡法

4. 把账户分为借贷两方,哪一方记增加数,哪一方记减少数,要根据(　　)而定。

A. 记账规则　　B. 记账形式

C. 核算方法　　D. 账户反映的经济内容

5. 在标明某项经济业务应借、应贷账户及其金额的记录称为(　　)。

A. 记账凭证　　B. 记账方法

C. 会计分录　　D. 会计方法

二、多项选择题

1. 下列业务引起资产与负债同时减少的是(　　)。

A. 支付投资人利润　　B. 上交税金

C. 偿还所欠客户的材料款　　D. 归还到期的短期借款

2. 下列内容属于流动资产的有(　　)。

A. 存在银行的存款　　B. 存放在仓库的原料

C. 机器　　D. 厂房

3. 复合会计分录一般有(　　)。

A. 一借一贷　　B. 一借多贷

C. 多借一贷　　D. 多借多贷

4. 采用借贷记账法时，账户的借方一般用来登记（　　）。

A. 资产的增加　　B. 收入的减少

C. 费用的增加　　D. 负债的增加

5. 在下列错误中，哪些不能通过试算平衡发现（　　）。

A. 一项经济业务未登记入账

B. 只登记借方金额，未登记贷方金额

C. 应借、应贷的账户中借贷方向相反

D. 借贷双方同时多记了相等的金额

三、判断题

1. 会计要素中既有反映财务状况的要素，也有反映经营成果的要素。（　　）

2. 所有者权益是指企业投资人对企业资产的所有权。（　　）

3. 会计科目是会计账户设置的依据。（　　）

4. 会计分录中的账户之间的相互依存的关系称为账户的对应关系。（　　）

5. 若试算平衡表的借方栏合计数等于贷方栏合计数，则会计记录肯定正确无误；否则，必然有错误。（　　）

四、业务题

（一）目的

练习会计基本等式。

资料

红瑞公司 2009 年 10 月末各项目资料如下：

(1)出纳处存放现金 3 000 元。

(2)应收购货单位货款 200 000 元。

(3)银行里的存款 240 000 元。

(4)仓库里存放的原材料 1 038 000 元。

(5)仓库里存放的产成品 388 000 元。

(6)正在加工中的产品 91 000 元。

(7)应付供应单位货款 100 000 元。

(8)购入了三年期国库券一批 10 000 000 元。

(9)厂房 840 000 元。

(10)数控机床两台 1 000 000 元。

(11)一条生产线 4 000 000 元。

(12)向银行借入半年期的借款 1 000 000 元。

(13)预收某企业货款 1 500 000 元。

(14)向银行借入三年期的借款 1 200 000 元。

(15)所有者投入资本 14 000 000 元。

要求

1.判断上列资料中各项目的类别(资产、负债、所有者权益),并将各项目金额一并填入表 2.1。

表　2.1

项　目	金　额		
	资　产	负　债	所有者权益
合　计			

2.计算表内资产总额、负债总额、所有者权益总额是否符合会计基本等式。

(二)目的

练习会计科目的分类。

资料

新友工业公司会计核算现用的部分会计科目如下:

(1)原材料　(2)应收账款　(3)生产用固定资产
(4)应收富丽公司货款　(5)主要材料　(6)辅助材料
(7)应付红星工厂货款　(8)应付账款　(9)临时借款
(10)固定资产　(11)A 材料　(12)B 材料
(13)生产成本　(14)基本生产成本　(15)润滑油
(16)运输工具　(17)厂房　(18)甲产品生产成本
(19)乙产品生产成本　(20)机器设备　(21)短期借款
(22)辅助生产成本　(23)应收远大货款　(24)应付八达公司货款
(25)库存商品　(26)甲产成品　(27)材料采购
(28)乙产成品　(29)管理费用　(30)办公费
(31)业务招待费　(32)周转借款

要求

在上列科目中分析哪些属于一级科目?哪些属于二级科目?哪些属于明

细科目？列示于表 2.2(列示方法见示例)。

表 2.2

一级总账科目	二级科目	三级明细科目
原材料	主要材料	A 材料 B 材料

(三)目的

练习会计科目的分类。

资料

伟联工业公司会计核算现用的部分会计科目见表 2.3。

表 2.3

会计科目	资产类	负债类	所有者权益类	成本类	损益类
银行存款					
应收账款					
材料采购					
原材料					
制造费用					
应付账款					
应交税费					
生产成本					
库存商品					
主营业务收入					
主营业务成本					
长期借款					
固定资产					
累计折旧					
库存现金					
财务费用					

续 表

会计科目	资产类	负债类	所有者权益类	成本类	损益类
无形资产					
实收资本					
管理费用					
盈余公积					
销售费用					
营业税金及附加					
本年利润					
利润分配					

要求

将上列会计科目按经济内容分类，并在相应栏内划“√”。

(四)目的

熟悉账户的基本结构，理解发生额和余额之间的关系。

资料

具体数据见表 2.4。

表　2.4　　单位：元

账户名称	期初余额	本期增加发生额	本期减少发生额	期末余额
原材料	4 800 000		992 000	1 981 000
银行存款	860 000	3 970 000	4 000 000	
应付账款		520 000	320 000	600 000
长期借款	460 000	400 000		110 000

要求

请根据上列账户中的有关数据计算每个账户的未知数据。

(五)目的

练习企业发生经济业务的类型。

资料

德发公司 2008 年 12 月发生经济业务如下：

(1)用银行存款购买机器设备。

(2)用银行存款支付前欠富士公司货款。

(3)经有关部门批准,同意股东王军将其投入企业的资本转为对企业的借款。

(4)向中国银行借入长期借款,存入银行。

(5)收到所有者投入的生产设备一套,已直接投入使用。

(6)购买原料一批,仓库已验收,货款尚未支付给供应单位。

(7)经有关部门批准,将资本公积金转作资本。

(8)企业以银行存款在资本市场上购入中石油股票。

(9)用银行借款归还前欠五星公司的货款。

(10)经批准,同意股东张升的撤资请求,以银行存款付讫。

(11)城市商业银行同意将企业所欠贷款转为投入资本。

(12)用银行存款归还所欠交通银行的短期借款。

(13)从银行提取现金以备零星开支的需要。

(14)向股东发放现金股利。

要求

分析上列各项经济业务的类型,填入表 2.5。

表 2.5

类　型	经济业务序号
一项资产增加,另一项资产减少	
一项负债增加,另一项负债减少	
一项所有者权益增加,另一项所有者权益减少	
一项资产增加,一项负债增加	
一项资产增加,一项所有者权益增加	
一项资产减少,一项负债减少	
一项资产减少,一项所有者权益减少	
一项负债减少,一项所有者权益增加	
一项负债增加,一项所有者权益减少	

(六)目的

练习会计基本等式。

资料

1.宏瑞公司200×年10月的资产、负债及所有者权益情况见表2.6。

表　2.6　　　　金额单位:元

资　产	金　额/元	负债及所有者权益	金　额/元
现金	2 000	负债:	
银行存款	26 000	短期借款	200 000
应收账款	28 000	应付账款	60 000
应收票据	5 000	应交税费	11 000
材料采购	20 000	负债合计	271 000
生产成本	280 000	所有者权益:	
原材料	100 000	实收资本	1 000 000
库存商品	150 000	盈余公积	100 000
固定资产	800 000	未分配利润	40 000
合计	1 411 000	所有者权益合计	1 140 000
		合计	1 411 000

2.10月份内该企业发生下列各项经济业务:

(1)向中国银行借入短期借款100 000元,存入银行。

(2)生产车间领用材料90 000元投入甲产品的生产。

(3)向五星公司购入原材料一批,计40 000元,材料验收入库,货款尚未支付。

(4)完工产品一批,价值8 000元。

(5)以银行存款偿还前欠富士公司材料款40 000元。

(6)收到康利公司投入资本60 000元,存入银行。

(7)收回八达公司前欠货款24 000元,存入银行。

(8)从银行提取现金2 000元,以备零星开支之需。

(9)以银行存款购入数控机床一台,价值400 000元。

(10)银行存款缴纳上月应交税费10 000元。

要求

将资产、负债和所有者权益各项目的10月初金额和月内增减变化的金额填入表2.7,同时计算出期末合计数。

表 2.7 单位:元

资　产	期初数	本月增加数	本月减少数	月末余额	负债及所有者权益	期初数	本月增加数	本月减少数	月末余额
现金					负债:				
银行存款					短期借款				
应收账款					应付账款				
应收票据					应交税费				
材料采购					负债合计				
生产成本					所有者权益:				
原材料					实收资本				
库存商品					盈余公积				
固定资产					未分配利润				
					所有者权益合计				
总计					总计				

(七)目的

练习借贷记账法。

资料

1. 假设××企业200×年9月各资产、负债及所有者权益账户的期初余额见表2.8。

表 2.8 单位:元

资　产	金　额	负债及所有者权益	金　额
现金	22 000	负债:	
银行存款	270 000	短期借款	120 000
应收账款	20 000	应付账款	36 000
生产成本	80 000	应交税费	4 000
原材料	250 000	负债合计	160 000
库存商品	48 000	所有者权益:	

续表

资　产	金　额	负债及所有者权益	金　额
固定资产	1 500 000	实收资本	1 730 000
累计折旧	300 000	所有者权益合计	1 730 000
合　　计	1 890 000	合　　计	1 890 000

2.9 月份内该企业发生下列各项经济业务：

(1)购进材料一批，计价 23 400 元(含增值税 17%)，材料验收入库，货款以银行存款支付。

(2)生产车间向仓库领用材料 80 000 元，全部投入甲产品生产。

(3)从银行提取现金 8 000 元，用于零星开支。

(4)以银行存款购入新汽车 1 辆，计价 200 000 元。

(5)以银行存款偿还应付供货单位材料款 6 000 元。

(6)仓库向生产车间发出材料 50 000 元，用于乙产品的生产。

(7)收到其他单位投入资本 40 000 元，存入银行。

(8)银行存款 32 000 元，归还短期借款 24 000 元，归还应付供货单位货款 8 000 元。

(9)收到购货单位前欠货款 6 000 元，存入银行。

(10)收到购货单位前欠货款 8 000 元，其中支票 7 200 元存入银行，现金 800 元。

要求

1.根据资料 2 的各项经济业务，用借贷记账法编制会计分录。

2.开设各账户(丁字式)登记期初余额本期发生额，结出期末余额，并编制“总分类账户本期发生额对照表”，格式见表 2.9。

表 2.9　总分类账户本期发生额对照表

会计科目	期初余额		本期发生额		期末余额	
	借方	贷方	借方	贷方	借方	贷方

(八)目的

练习总分类账户和明细分类账户的平行登记。

资料

1.云帆公司200×年4月30日有关总分类账户和明细分类账户余额如下:

(1)总分类账户:

"原材料"账户借方余额400 000元。

"应付账款"账户贷方余额100 000元。

(2)明细分类账户:

"原材料——A材料"账户600千克,单价300元,借方余额180 000元。

"原材料——B材料"账户400千克,单价200元,借方余额80 000元。

"原材料——C材料"账户700千克,单价200元,借方余额140 000元。

"应付账款——甲公司"账户贷方余额55 000元。

"应付账款——乙公司"账户贷方余额45 000元。

2.该公司200×年5月份发生部分经济业务如下:

(1)以银行存款偿还前欠甲公司货款30 000元。

(2)购进A材料100千克,单价300元,价税合计35 100元(含增值税17%),以银行存款支付,材料入库。

(3)生产车间向仓库领用材料一批,计A材料200千克,单价300元/千克,B材料100千克,单价200元/千克,C材料250千克,单价200元/千克,共计领料金额130 000元/千克。

(4)以银行存款偿还前欠乙公司货款20 000元。

(5)向甲公司购入B材料100千克,单价200元/千克,材料入库,货款23 400元(含增值税17%),以银行存款支付。

要求

1.根据资料2内容,用借贷记账法编制会计分录。

2.开设"原材料""应付账款"总分类账和明细分类账,登记期初余额,并平行登记总分类账和明细分类账,并结出各账户本期发生额和期末余额。

3.编制"原材料""应付账款"总分类账和明细分类账本期发生额及余额对照表。

第三章　企业基本经济业务的核算

内容导学

一、学习目的和基本要求

制造业是会计核算体系最全，涉及经济业务最多，最具有代表性的行业。本章以制造业企业的生产经营过程为例，阐述账户和复式记账两种会计核算方法的应用。通过本章的学习，学生可理解企业资金筹集、生产准备、产品生产与销售、财务成果的确定与分配等经济业务的内容；掌握应设置的主要账户的性质、用途和结构，初步了解主要业务所涉及账户的对应关系。总体上，要能够简单地运用设置账户和复式记账两种方法对企业的经营活动进行核算，总结企业的经营成果和财务状况。

在本章学习中应注意以下问题：

(1)资金筹集业务中筹资的形式及会计的核算内容。

(2)供应过程中原材料成本的计算。

(3)生产成本的计算，特别是制造成本的归集和分配。

(4)“本年利润”账户的应用。

(5)利润分配过程的核算。

二、基本概念

实收资本，材料采购，生产成本，制造费用，本年利润，利润分配，固定资产清理。

三、学习重点、难点和考点

(1)材料采购成本的归集和计算。

(2)生产成本的归集和计算。

(3)“本年利润”账户的应用。

(4)利润分配过程的核算。

同步练习

一、单项选择题

1. 外购原材料一批，发票注明的买价为20 000元，增值税额为3 400元，入库前发生的挑选整理费用为1 000元。则该批原材料的实际采购成本为（　　）。

A. 20 000元　　B. 23 400元

C. 21 000元　　D. 24 400元

2. 按权责发生制的要求，下列货款应确认为本期主营业务收入的是（　　）。

A. 本月销售产品，货款未收到

B. 上月销售产品，货款本月收到

C. 本月预收了下月销售产品的货款

D. 收到仓库出租的租金，存入银行

3. 车间使用的固定资产提取折旧费时，应借记（　　）账户，贷记“累计折旧”账户。

A. “制造费用”　　B. “管理费用”

C. “销售费用”　　D. “待摊费用”

4. “本年利润”账户的借方余额表示（　　）。

A. 利润总额　　B. 亏损总额

C. 收益额　　D. 费用额

5. （　　）是指某种产品所承担的费用按其经济用途所做的分类。

A. 制造成本　　B. 生产成本

C. 成本项目　　D. 成本计算

6. 假设某企业本月支付厂部行政人员工资30 000元，预支厂部半年（含本月）修理费2 400元，支付本月生产车间保险费6 000元，计提厂部固定资产折旧费600元。据上述资料，该企业本月管理费用发生额为（　　）元。

A. 30 600　　B. 33 000

C. 31 000　　D. 39 000

7. 产品制造企业因采购材料而发生的装卸搬运费，支付时应计入（　　）。

A. 原材料账户　　B. 管理费用账户

C. 材料采购账户　　　　　　　D. 生产成本账户

8. 假设某企业只生产一种产品，本期为生产该产品发生直接材料费用160万元，直接人工费用30万元，制造费用40万元，企业行政管理费用20万元，本期结转完工产品成本为200万元，期末"生产成本"科目的余额为50万元，则该企业"生产成本"科目的期初余额为(　　)万元。

A. 0　　　　　　　B. 20

C. 30　　　　　　　D. 50

9. 仓库库存甲材料单位成本为10元/千克，乙材料单位成本为20元/千克。生产车间从仓库领用如下材料：领用甲材料150千克、乙材料100千克用于生产A产品；领用甲材料120千克、乙材料80千克用于生产B产品；用于车间共同耗用的甲材料为27千克；销售部门领用甲材料50千克用于销售，销售价格为20元/千克。以下正确的是(　　)。

A. 共耗用乙材料3 500元

B. 生产A产品、B产品共耗用材料成本为6 300元

C. 生产A产品耗用材料成本为2 800元

D. 借：其他业务支出　　770

10. 计提本月固定资产折旧，车间使用的固定资产折旧600元，管理部门使用的固定资产折旧300元，本月购入货车一辆，购车费用共122 000元，已交付销售部门使用，按10年摊销，净残值为2 000元。以下正确的是(　　)。

A. 借：制造费用　　600
　　　管理费用　　300
　　　营业费用　　1 000
　　贷：累计折旧　　1 900

B. 借：制造费用　　600
　　　营业费用　　1 000
　　贷：累计折旧　　1 600

C. 借：制造费用　　600
　　　管理费用　　1 300
　　贷：累计折旧　　1 900

D. 借：制造费用　　600
　　　管理费用　　300
　　贷：累计折旧　　900

二、多项选择题

1. 制造产品直接耗用的原材料，会计核算时应记入的账户是(　　)。

A. 制造费用　　　　　　　B. 生产成本

C. 管理费用　　　　　　　D. 主营业务成本

2. 在下列各账户中，期末应将其余额转入"本年利润"账户的是(　　)。

A. 管理费用　　　　　　　B. 制造费用

C. 营业外收入　　　　　　D. 营业税金及附加

3.所有者权益中的留存收益包括(　　)。

A.实收资本　　B.资本公积

C.盈余公积　　D.未分配利润

4.在下列各账户中,期末一般无余额的有(　　)。

A.所得税　　B.累计折旧

C.主营业务收入　　D.长期借款

5.期间费用包括管理费用和(　　)。

A.直接费用　　B.间接费用

C.财务费用　　D.销售费用

6.预提短期借款利息费用,应借记(　　)账户,贷记(　　)账户。

A.财务费用　　B.管理费用

C.制造费用　　D.应付利息

7.材料采购成本一般包括的内容有(　　)。

A.买价　　B.运输途中合理损耗

C.装卸费、保险费　　D.运输费

8.在下列费用中,属于生产过程中发生的费用有(　　)。

A.广告费　　B.领用的原材料

C.生产工人工资　　D.车间机器折旧费

9.购进商品时,借记"材料采购"账户,可能贷记(　　)账户。

A.银行存款　　B.应交税费

C.应付账款　　D.应收账款

10.在下列费用中,应作为销售费用处理的有(　　)。

A.非专设销售机构人员工资　　B.销售产品过程中发生的运杂费

C.专设销售机构的折旧费　　D.业务招待费

三、判断题

1.企业的材料采购成本就是供货单位发票上的价税合计数。(　　)

2.预提费用和管理费用均属于费用。(　　)

3.售出产品的销售成本等于该售出产品的制造成本。(　　)

4.车间领用一般性消耗的原材料,会计处理应增加管理费用。(　　)

5.年度终了,只有在企业盈利的情况下,才需要将"本年利润"账户的累计余额转入"利润分配——未分配利润"账户。(　　)

6.期间费用按经济内容和用途可分为管理费用、财务费用和制造费用。(　　)

7.“物资采购”账户的余额一般在借方，反映已经验收入库尚未支付货款的外购。（　）

8.预收账款是资产，预付账款是负债。（　）

9.企业的职工教育经费应当计入工资总额并通过“应付职工薪酬”账户进行核算。（　）

10.车间领用一般性消耗的材料，在会计处理上应属于增加管理费用。（　）

四、业务题

(一)目的

练习工业企业供应过程的核算和采购成本的计算。

资料

华瑞工贸公司200×年7月份内发生以下有关材料采购的经济业务：

(1)采购员李俊预支差旅费1 000元，以现金支付。

(2)购进下列原材料，增值税税率为17%，货款以商业承兑汇票结算。

甲种材料	1 500千克	@20元	计30 000元
乙种材料	800千克	@30元	计24 000元
应交增值税			9 180元
合　计			63 180元

(3)以银行存款支付甲、乙材料运费450元；以现金支付其运达仓库的装卸搬运费240元。

(4)上述材甲、乙材料已验收入库，按实际成本入账。

(5)商业汇票到期，以银行存款支付上述材料款63 180元。

(6)从外地购入原材料一批：A种材料600千克@10元(不含增值税)、B种材料250千克@12元(不含增值税)，应交增值税1 530元，计10 530元。货款以银行存款支付。

(7)以现金支付上述A,B材料运费170元，以银行存款支付其装卸搬运费510元。

(8)上述A,B材料已验收入库，按实际成本转账。

要求

1.根据上列材料采购的经济业务，编制会计分录。

2.登记“材料采购”和“原材料”总分类账户以及“材料采购”明细分类账户(运费和装卸搬运费按材料质量比例计入材料采购成本)。

(二)目的

练习工业企业生产过程核算和生产成本的计算。

资料

华瑞工贸公司200×年9月份内发生以下各项经济业务：

(1)生产车间从仓库领用各种原材料进行产品生产。计用于生产A产品甲材料150千克@20.50元，乙材料100千克@30元；用于生产B产品甲材料120千克@20.50元，乙材料80千克@30元。

(2)结算本月份应付职工工资，按用途归集如下：

A产品生产工人工资	50 000元
B产品生产工人工资	40 000元
车间职工工资	20 000元
管理部门职工工资	30 000元
共计	140 000元

(3)按规定根据职工工资总额2%计提工会经费。

(4)计提本月份固定资产折旧，计车间使用的固定资产折旧6 000元，管理部门使用固定资产折旧3 000元。

(5)按计划预提应由本月份车间负担的修理费1 200元。

(6)车间报销办公费及其他零星开支1 400元，以现金支付。

(7)企业以银行存款支付短期银行借款利息1 600元。

(8)企业以银行存款支付第四季度报刊订阅费1 800元。

(9)将制造费用总额如数转入"生产成本"账户，并按生产工人工资的比例摊配计入A，B两种产品成本中去。

(10)结算本月份A，B两种产品的生产成本。本月A产品100件，B产品80件，均已全部制造完成，并已验收入库，按其实际成本入账。

要求

1.根据上列产品生产的经济业务编制会计分录。

2.登记"生产成本""制造费用""库存商品"总分类账户和"生产成本"明细分类账。

3.编制"产品生产成本计算表"，格式见表3.1。

(三)目的

练习权责发生制和收付实现制原则的应用。

资料

华瑞工贸公司200×年10月发生的各项经济业务如下：

(1)10 月份销售产品 8 000 元,货款已存入银行。

(2)10 月份销售产品 12 000 元,货款尚未收到。

(3)本月应计提银行借款利息 2 000 元。

(4)收到上月份赊销出去产品货款 6 000 元。

(5)预付第四季度仓库租金 9 000 元。

(6)收到购货单位预付货款 10 000 元。

要求

根据上列经济业务内容按权责发生制和收付实现制原则计算确定该企业本月份(10 月份)的收入和费用,并填入表 3.2。

表 3.1　产品生产成本计算表　　单位:元

成本项目	A 产品		B 产品	
	总成本(100 件)	单位成本	总成本(80 件)	单位成本
直接材料 直接人工 制造费用				
产品生产成本				

表　3.2　　单位:元

业务号	权责发生制		收付实现制	
	收入	费用	收入	费用
(1)				
(2)				
(3)				
(4)				
(5)				
(6)				
净收益				

(四)目的

练习工业企业销售过程的核算。

资料

华瑞工贸公司200×年7月份发生有关销售经济业务如下：

(1)向甲工厂出售A产品500件，每件售价60元(不含增值税)，增值税税率为17%，货款已收到，存入银行。

(2)向乙公司出售B产品300件，每件售价150元(不含增值税)，增值税税率为17%，货款尚未收到。

(3)按出售的两种产品的实际销售成本转账(A产品每件45元，B产品每件115元)。

(4)以银行存款支付上述A，B两种产品在销售过程中的运输费800元、包装费200元。

(5)结算本月份销售机构职工工资1 000元。

(6)按规定计算和登记B产品应缴纳的消费税(按销售价计算的消费税率为10%)。

(7)向丙工厂出售材料物资100千克，每千克售价12元(不含增值税)，增值税税率为17%，货款1 404元已收到，存入银行。

(8)按出售的材料物资实际销售成本转账(每千克10元)。

要求

1.根据上列各项经济业务编制会计分录。

2.计算产品销售利润和其他业务利润。

(五)目的

练习利润形成和分配的核算。

资料

1. 华瑞工贸公司200×年1～11月实现的各项收入以及发生的费用、成本和有关税费见表3.3。

表 3.3

项目名称	金 额/元
主营业务收入	1 200 000
其他业务收入	12 000
营业外收入	8 000
主营业务成本	800 000
营业税金及附加	62 000

续表

项目名称	金　额/元
销售费用	52 000
其他业务成本	8 000
管理费用	20 000
财务费用	5 500
营业外支出	5 000

2.200×年11月30日“利润分配”账户贷方余额45 500元。

3.12月份内发生以下收支经济业务：

(1)出售产品一批，售价117 000元(含增值税17%)，货款收到，存入银行。

(2)结转出售产品的实际销售成本60 000元。

(3)按5%税率计算销售产品应交纳的消费税5 000元。

(4)以现金支付产品销售过程中的运杂费、包装费500元。

(5)以银行存款支付厂部办公经费300元。

(6)以银行存款支付银行借款利息1 700元，前两个月已预提借款利息1 000元。

(7)以银行存款支付税收滞纳金罚金500元。

(8)收到冰雨公司违约罚金1 000元。

(9)结转12月份损益。

4.确定和分配利润：

(1)按当年利润总额的25%计算确定应交纳的所得税。

(2)按净利润的10%计算应提取的盈余公积金。

(3)决定按净利润的10%向投资者分配利润。

(4)将全年实现的净利润自“本年利润”账户转入“利润分配”账户。

要求

根据上列资料的各项经济业务内容编制会计分录，同时登记“本年利润”和“利润分配”总分类账。

(六)目的

练习资金投入和退出企业的核算。

资料

华瑞工贸公司 200×年 7 月发生资金投入和退出的各项经济业务如下：

(1)接受威力公司投入生产设备一台，原值 300 000 元，已提折旧 50 000元。

(2)收到股东李明投入资金 500 000 元，已存入银行。

(3)向银行借入临时借款 50 000 元，存入银行，借款期限为 3 个月。

(4)因建造厂房向银行借入基建借款 500 000 元，存入银行。

(5)将闲置的一辆运输汽车向 B 公司投资，该汽车原值 150 000 元，已提折旧 30 000 元。双方协议合营期为五年。

(6)周转借款 50 000 元到期，以银行存款归还。

(7)以银行存款支付前欠原料供应单位 H 公司货款 3 000 元。

要求

按上列经济业务编制会计分录。

(七)目的

练习工业企业主要生产经营过程的核算。

资料

1. 华瑞工贸公司 200×年 11 月 30 日各账户余额见表 3.4。

表 3.4 单位：元

账户名称	借方余额/元	账户名称	贷方余额/元
现　金	10 000	短期借款	40 000
银行存款	155 000	长期借款	200 000
应收账款（五星工厂）	5 000	应付账款（长丰公司）	110 000
其他应收款	2 000	应交税费	2 100
原材料 其中：甲材料 乙材料	150 000 110 000 40 000	实收资本 盈余公积	700 000 8 000
库存商品 其中：A 产品 B 产品	105 000 42 000 63 000	本年利润 利润分配	62 000 54 900
固定资产	1 000 000	累计折旧	250 000
合　计	1 427 000	合　计	1 427 000

2.华瑞工贸公司200×年12月发生下列经济业务：

(1)从浦发银行取得结算贷款500 000元，已存入银行。

(2)生产车间刘达工程师报销差旅费1 800元，原预借2 000元，多余款项以现金退回。

(3)向科达工厂购进甲材料10吨，每吨1 000元(不含增值税)，增值税税率为17%，货款尚未支付，甲材料已验收入库，同时用现金500元支付该批材料的运杂费。

(4)出售给八达公司A产品1 000件，每件售价100元(不含增值税)，增值税税率为17%，货款尚未收到。

(5)生产A产品领用甲材料20 000元，生产B产品领用乙材料12 000元。

(6)用银行存款支付生产车间设备日常维修费500元。

(7)用银行存款偿付前欠科达工厂甲材料货款11 700元。

(8)收到上述售给八达公司A产品货款117 000元，款项已存入银行。

(9)出售给万事达公司B产品200件，每件售价150元(不含增值税)，增值税税率为17%，货款共计35 100元，收到万事达公司签发并承兑的一张面额为35 100元，期限为3个月的商业汇票。

(10)本月应付工资为30 000元，其中A产品生产工人工资为12 000元，B产品生产工人工资为8 000元，生产车间管理人员工资为4 000元，行政管理人员工资为6 000元。

(11)以银行存款发放上述30 000元职工工资。

(12)以银行存款支付水电费1 800元，其中生产车间应负担1 200元，行政部门应负担600元。

(13)本月应计提固定资产折旧1 600元，其中生产车间应提1 000元，行政部门应提600元。

(14)将本月发生的制造费用按A，B产品生产工人工资比例分摊计入生产成本。

(15)本月生产的A，B产品全部完工验收入库，结转其实际生产成本。

(16)接开户银行通知，本季度银行存款利息为1 000元，已转入存款账户。

(17)归还中国银行长期贷款200 000元。

(18)结转本月产品销售成本28 000元，其中A产品销售成本为8 000元，B产品销售成本为20 000元。

(19)将本月收入转入“本年利润”账户。

(20)将本月有关支出、费用转入“本年利润”账户。

(21)结转当年应交所得税,适用的所得税税率为25%。

(22)按规定从净利润中提取盈余公积金9 000元,经研究决定给投资者分派红利70 000元,予以结转。

(23)将本年所得税转入“本年利润”账户。

(24)将本年净利润转入“利润分配”账户。

(25)将本年已分配利润转入“利润分配——未分配利润”账户。

要求

1. 按上列经济业务编制会计分录。

2. 开设总分类账户(丁字式),进行登记。

3. 编制“总分类账户本期发生额对照表”进行试算平衡。

第四章　会计账户分类

内容导学

一、学习目的和基本要求

本章阐述账户的分类，重点研究账户按用途和结构的分类。学习本章，要求了解账户按经济内容分为哪些类别，账户按用途和结构分为哪些类别。各类账户能够提供什么性质的核算指标，怎样记录经济业务，理解各类账户之间的区别和联系，掌握各类账户在提供核算指标方面的规律性。通过本章的学习，要能正确运用账户登记经济业务，善于利用账户提供的数据资料。

二、基本概念

会计账户分类原则，会计账户分类标准，账户按经济内容分类，账户按用途和结构分类。

三、学习重点、难点和考点

(1)账户按经济内容的分类。

(2)账户按用途和结构的分类。

同步练习

一、单项选择题

1.（　　）是损益类账户。

A. 生产成本　　B. 长期待摊费用

C. 制造费用　　D. 财务费用

2. 企业在不单独设置“预付账款”账户的情况下，可用（　　）账户代替。

A. 应收账款　　B. 预收账款

C. 应付账款　　D. 应收票据

3. 制造费用账户按用途结构分类属于（　　）账户。

A. 资产类　　B. 费用类

C. 成本计算类　　D. 集合分配类

4.“管理费用”属于(　　)账户。

A. 资产类　　B. 负债类

C. 所有者权益类　　D. 损益类

5. 按照账户的用途和结构分类,“累计折旧”属于(　　)账户。

A. 资产类　　B. 损益类

C. 集合分配类　　D. 调整类

二、多项选择题

1. 下列账户属于资产备抵账户的是(　　)。

A. 待摊费用　　B. 坏账准备

C. 利润分配　　D. 累计折旧

2. 反映流动资产的账户有(　　)。

A. 固定资产　　B. 累计折旧

C. 原材料　　D. 库存商品

3. 反映负债的账户有(　　)。

A. 预收账款　　B. 预付账款

C. 应收账款　　D. 应付账款

4. 账户的结构,应该包括(　　)。

A. 账户借方登记的内容　　B. 账户贷方登记的内容

C. 账户期末余额及方向　　D. 账户余额反映的内容

5. 下列账户中属于费用账户的有(　　)。

A. 所得税费用　　B. 制造费用

C. 管理费用　　D. 主营业务成本

三、判断题

1. 集合分配类账户同损益类账户一样,期末应结转,结转后账户一般应无余额。(　　)

2.“生产成本”账户期末借方余额表示尚未完工的产品成本,其经济实质是企业的一项资产。(　　)

3.“制造费用”“管理费用”和“本年利润”都是损益类科目。(　　)

4.“累计折旧”账户贷方登记本期增加额,所以属于负债类账户。(　　)

5.“坏账准备”等反映资产的价值损耗或损失账户,不属于资产类账户。(　　)

第五章　会计凭证

内容导学

一、学习目的和基本要求

本章阐述会计凭证的填制和审核问题。学习本章，要求理解会计凭证的作用和种类，原始凭证的填制和审核，记账凭证的填制和审核，会计凭证的传递和保管，还要注意掌握填制原始凭证和记账凭证的技术方法。通过本章的学习，要能正确使用会计凭证。

二、基本概念

原始凭证，记账凭证。

三、学习重点、难点和考点

(1)原始凭证种类。
(2)原始凭证的填制方法。
(3)原始凭证的审核。
(4)记账凭证分类。
(5)记账凭证填制和审核。

同步练习

一、单项选择题

1. 会计凭证按其填制程序和用途可分为(　　)。
   A. 原始凭证和记账凭证　　B. 自制凭证和外来凭证
   C. 一次凭证和累计凭证　　D. 单式凭证和复式凭证
2. 下列项目中属于原始凭证的是(　　)。

A. 购料申请书　　B. 银行存款对账单

C. 订货合同　　D. 购料发票

3. 制造企业的“限额领料单”一般是一种(　　)。

A. 外来原始凭证　　B. 自制累计原始凭证

C. 自制一次原始凭证　　D. 自制汇总原始凭证

4. 结转完工入库产品的实际成本应编制(　　)。

A. 转账凭证　　B. 收款凭证

C. 付款凭证　　D. 累计凭证

5. 采用专用记账凭证的情况下，涉及现金与银行存款之间收付，按规定编制(　　)。

A. 收款凭证　　B. 付款凭证

C. 转账凭证　　D. 通用记账凭证

二、多项选择题

1. 原始凭证的内容必须具备(　　)等。

A. 凭证名称

B. 填制凭证日期

C. 填制凭证单位名称或填制人姓名

D. 经办人员的签名或盖章

E. 接受凭证单位名称

2. 企业购买材料一批并已入库，该项业务有可能存在的原始凭证为(　　)。

A. 发货票　　B. 支票

C. 货运单据　　D. 入库单

E. 经济合同

3. 记账凭证必须具备(　　)基本内容等。

A. 记账凭证名称　　B. 填制单位名称

C. 填制凭证日期　　D. 会计分录

E. 记账凭证编号

4. 如果某一笔经济业务需填制两张记账凭证，该凭证顺序号为 70 号，则此两张记账凭证的编号应为(　　)。

A. 70 号　　B. 71 号

C. 70—1/2　　D. 70—2/2

E. 均为 70 号

5. 会计凭证的传递是指从原始凭证的填制或取得时开始，经过(　　)直到归档保管为止。

A. 填制　　B. 审核

C. 记账　　D. 保管

E. 装订

三、判断题

1. 原始凭证是记账凭证的填制依据，记账凭证是编制会计报表的直接依据。（　）

2. 所有的记账凭证都必须附有原始凭证才能作为记账的依据。（　）

3. 凡是收付款凭证只能由出纳人员填制，其他财务人员填制转账凭证。（　）

4. 将现金存入银行，应该填制转账记账凭证。（　）

5. 记账凭证的编号，1 个月以内应连续编号。（　）

四、业务题

（一）目的

练习原始凭证的填制。

资料

华瑞工贸公司 200×年 6 月份发生的部分经济业务如下：

（1）6 月 3 日向华海公司购入 C 材料 100 件，每件 1 500 元，另外支付运杂费 200 元，材料已验收入库，货款尚未支付。（请填制收料单）

（2）6 月 6 日出纳员李明从银行提取现金 102 433.33 元，备发工资。（请填制现金支票）

（3）6 月 8 日售给华海公司 A 产品 300 件，售价计 200 000 元，增值税销项税额为 34 000 元，货款暂欠。（请填制销售发票，华瑞公司开户行：建设银行西关正街支行，账号：455689745，纳税人登记号：610101126521368，电话：88228899；华海公司开户行：建设银行电子城支行，账号：455452668，纳税人登记号：610101125421321，电话：88337788）

（4）6 月 10 日由经理李华批准，业务员张明出差预借差旅费 500 元，以现金支付。（请填制借款单）

要求

根据上述经济业务填制原始凭证。

（二）目的

练习与掌握记账凭证的编制。

资料

华瑞工贸公司 200×年 2 月份发生的部分经济业务如下：

(1)2 月 4 日开具现金支票，向银行提取现金 5 000 元备用。（支票存根一张）

(2)2 月 6 日以现金支付材料运费 1 000 元。（收款人收条一张）

(3)2 月 8 日以银行存款支付材料采购价款 60 000 元，增值税税率为 17%。（转账支票存根一张，增值税专用发票一张）

(4)2 月 12 日材料运到，验收入库。（随货联一张，入库单一张）

(5)2 月 18 日职工张某出差归来报销差旅费 980 元，交回现金 20 元。（差旅费报销单一张，现金收款收据一张）

(6)2 月 25 日销售商品收入 120 000 元，增值税税率为 17%，收到转账支票一张，填制进账单送存银行。（销售发票五张，进账单收账通知一张）

(7)2 月 28 日计提本月应由车间负担的折旧费 3 000 元，行政管理部门负担的折旧费为 200 元。（折旧费计算表一张）

(8)2 月 28 日预提应由本月负担的短期借款利息 480 元。（利息费用计算表一张）

要求

根据上述经济业务编制收款、付款和转账记账凭证。

(三)目的

练习记账凭证的编制。

资料

华瑞工贸公司 200×年 6 月份发生下列有关经济业务：

(1)6 月 2 日，购入甲材料 3 000 千克，买价 60 000 元，增值税进项税额为 10 200元，款项通过银行付讫，材料已验收入库。

记　账　凭　证

200×年×月×日　　　　　凭证编号 1

摘　要	一级科目	明细科目	借方金额									贷方金额									记账
			百	十	万	千	百	十	元	角	分	百	十	万	千	百	十	元	角	分	
合　计																					

附件　张

会计主管：　　　复核：　　　记账：　　　制单：

记 账 凭 证

200×年×月×日　　　　凭证编号 1

摘　要	一级科目	明细科目	借方金额									贷方金额									记账
			百	十	万	千	百	十	元	角	分	百	十	万	千	百	十	元	角	分	
合　计																					

附件　张

会计主管：　　复核：　　记账：　　制单：

(2)6 月 3 日，收到投资者投资 500 000 元存入银行。

记 账 凭 证

200×年×月×日　　　　凭证编号 1

摘　要	一级科目	明细科目	借方金额									贷方金额									记账
			百	十	万	千	百	十	元	角	分	百	十	万	千	百	十	元	角	分	
合　计																					

附件　张

会计主管：　　复核：　　记账：　　制单：

(3)6 月 3 日，通过银行向三星公司预付购买材料款 100 000 元。

记 账 凭 证

200×年×月×日　　　　　　凭证编号 1

摘　　要	一级科目	明细科目	借方金额									贷方金额									记账
			百	十	万	千	百	十	元	角	分	百	十	万	千	百	十	元	角	分	
合　　计																					

附件　张

会计主管：　　　　复核：　　　　记账：　　　　制单：

(4)6 月 4 日，仓库发出材料，其中生产 A 产品耗料 60 000 元；车间一般耗料 10 000 元；厂部行政管理部门耗料 5 000 元。

记 账 凭 证

200×年×月×日　　　　　　凭证编号 1

摘　　要	一级科目	明细科目	借方金额									贷方金额									记账
			百	十	万	千	百	十	元	角	分	百	十	万	千	百	十	元	角	分	
合　　计																					

附件　张

会计主管：　　　　复核：　　　　记账：　　　　制单：

(5)6 月 5 日，某采购员预借差旅费 2 000 元，以现金付讫。

记　账　凭　证

200×年×月×日　　　　　　凭证编号 1

摘　要	一级科目	明细科目	借方金额									贷方金额									记账
			百	十	万	千	百	十	元	角	分	百	十	万	千	百	十	元	角	分	
合　计																					

附件　张

会计主管：　　复核：　　记账：　　制单：

(6)6 月 8 日，从银行提取现金 120 000 元，备发工资。

记　账　凭　证

200×年×月×日　　　　　　凭证编号 1

摘　要	一级科目	明细科目	借方金额									贷方金额									记账
			百	十	万	千	百	十	元	角	分	百	十	万	千	百	十	元	角	分	
合　计																					

附件　张

会计主管：　　复核：　　记账：　　制单：

(7)6 月 8 日,以现金 120 000 元发放上月工资。

记　账　凭　证

200×年×月×日　　　　凭证编号 1

摘　要	一级科目	明细科目	借方金额									贷方金额									记账
			百	十	万	千	百	十	元	角	分	百	十	万	千	百	十	元	角	分	
合　计																					

附件　张

会计主管：　　复核：　　记账：　　制单：

(8)6 月 10 日,收到上海甲工厂预付购买产品款 80 000 元,存入银行。

记　账　凭　证

200×年×月×日　　　　凭证编号 1

摘　要	一级科目	明细科目	借方金额									贷方金额									记账
			百	十	万	千	百	十	元	角	分	百	十	万	千	百	十	元	角	分	
合　计																					

附件　张

会计主管：　　复核：　　记账：　　制单：

(9)6 月 15 日,售给上海甲工厂 A 产品 300 件,售价计 200 000 元,增值税销项税额为 34 000 元,除预收款外,其余货款也收到并存入银行。

记 账 凭 证

200×年×月×日　　　　凭证编号 1

摘　要	一级科目	明细科目	借方金额									贷方金额									记账
			百	十	万	千	百	十	元	角	分	百	十	万	千	百	十	元	角	分	
合　计																					

附件　张

会计主管：　　复核：　　记账：　　制单：

(10)6 月 22 日,以银行存款支付本月水电费 21 000 元,其中车间水电费 16 000 元,厂部行政管理部门水电费 5 000 元。

记 账 凭 证

200×年×月×日　　　　凭证编号 1

摘　要	一级科目	明细科目	借方金额									贷方金额									记账
			百	十	万	千	百	十	元	角	分	百	十	万	千	百	十	元	角	分	
合　计																					

附件　张

会计主管：　　复核：　　记账：　　制单：

(11)6 月 23 日,采购员张阿三出差归来报销差旅费 1 800 元,余款收回。

记 账 凭 证

200×年×月×日　　　　凭证编号 1

摘　要	一级科目	明细科目	借方金额									贷方金额									记账
			百	十	万	千	百	十	元	角	分	百	十	万	千	百	十	元	角	分	
合　计																					

附件　张

会计主管：　　复核：　　记账：　　制单：

(12)6 月 24 日,开出支票一张,支付厂部行政管理部门下一季度房屋租金 9 000 元。

记 账 凭 证

200×年×月×日　　　　凭证编号 1

摘　要	一级科目	明细科目	借方金额									贷方金额									记账
			百	十	万	千	百	十	元	角	分	百	十	万	千	百	十	元	角	分	
合　计																					

附件　张

会计主管：　　复核：　　记账：　　制单：

(13)6 月 24 日,以银行存款支付广告费 10 000 元。

记　账　凭　证

200×年×月×日　　　　凭证编号 1

摘　要	一级科目	明细科目	借方金额									贷方金额									记账
			百	十	万	千	百	十	元	角	分	百	十	万	千	百	十	元	角	分	
合　计																					

附件　张

会计主管：　　复核：　　记账：　　制单：

(14)6 月 25 日,购货单位交来包装物押金 1 000 元,存入银行。

记　账　凭　证

200×年×月×日　　　　凭证编号 1

摘　要	一级科目	明细科目	借方金额									贷方金额									记账
			百	十	万	千	百	十	元	角	分	百	十	万	千	百	十	元	角	分	
合　计																					

附件　张

会计主管：　　复核：　　记账：　　制单：

(15)6 月 26 日，以现金支付离退休人员工资 9 000 元。

记 账 凭 证

200×年×月×日　　　　凭证编号 1

摘　　要	一级科目	明细科目	借方金额									贷方金额									记账
			百	十	万	千	百	十	元	角	分	百	十	万	千	百	十	元	角	分	
合　　计																					

附件　张

会计主管：　　　复核：　　　记账：　　　制单：

(16)6 月 27 日，预提应由本月负担的短期借款利息 4 000 元。

记 账 凭 证

200×年×月×日　　　　凭证编号 1

摘　　要	一级科目	明细科目	借方金额									贷方金额									记账
			百	十	万	千	百	十	元	角	分	百	十	万	千	百	十	元	角	分	
合　　计																					

附件　张

会计主管：　　　复核：　　　记账：　　　制单：

(17)6 月 30 日，结算本月应付的职工工资，其中生产 A 产品工人工资为 100 000 元；车间一般人员工资为 9 000 元；厂部行政管理部门人员工资为 11 000元。

记　账　凭　证

200×年×月×日　　　　凭证编号 1

摘　要	一级科目	明细科目	借方金额									贷方金额									记账
			百	十	万	千	百	十	元	角	分	百	十	万	千	百	十	元	角	分	
合　计																					

附件　张

会计主管：　　复核：　　记账：　　制单：

(18)6 月 30 日，计提本月固定资产折旧，其中生产车间使用的固定资产计提折旧 8 000 元；厂部行政管理部门使用的固定资产计提折旧 3 000 元。

记　账　凭　证

200×年×月×日　　　　凭证编号 1

摘　要	一级科目	明细科目	借方金额									贷方金额									记账
			百	十	万	千	百	十	元	角	分	百	十	万	千	百	十	元	角	分	
合　计																					

附件　张

会计主管：　　复核：　　记账：　　制单：

(19)6 月 30 日，结转本月发生的制造费用，均由 A 产品负担。

记 账 凭 证

200×年×月×日　　　　凭证编号 1

摘　要	一级科目	明细科目	借方金额									贷方金额									记账
			百	十	万	千	百	十	元	角	分	百	十	万	千	百	十	元	角	分	
合　计																					

附件　张

会计主管：　　复核：　　记账：　　制单：

(20)6 月 30 日，结转本月完工 A 产品的生产成本(假设全部完工入库)。

记 账 凭 证

200×年×月×日　　　　凭证编号 1

摘　要	一级科目	明细科目	借方金额									贷方金额									记账
			百	十	万	千	百	十	元	角	分	百	十	万	千	百	十	元	角	分	
合　计																					

附件　张

会计主管：　　复核：　　记账：　　制单：

(21)6 月 30 日，支付厂部办公房屋租金 3 000 元；厂部报刊费1 600元。

记　账　凭　证

200×年×月×日　　　　凭证编号 1

摘　　要	一级科目	明细科目	借方金额									贷方金额									记账
			百	十	万	千	百	十	元	角	分	百	十	万	千	百	十	元	角	分	
合　　计																					

附件　张

会计主管：　　复核：　　记账：　　制单：

(22)6 月 30 日，结转本月已售产品生产成本。

记　账　凭　证

200×年×月×日　　　　凭证编号 1

摘　　要	一级科目	明细科目	借方金额									贷方金额									记账
			百	十	万	千	百	十	元	角	分	百	十	万	千	百	十	元	角	分	
合　　计																					

附件　张

会计主管：　　复核：　　记账：　　制单：

(23)6 月 30 日,结转本月已售产品的销售收入。

记 账 凭 证

200×年×月×日　　　　凭证编号 1

摘　要	一级科目	明细科目	借方金额									贷方金额									记账
			百	十	万	千	百	十	元	角	分	百	十	万	千	百	十	元	角	分	
合　计																					

附件　张

会计主管：　　　复核：　　　记账：　　　制单：

(24)6 月 30 日,结转本月销售产品成本及各种费用(假设 A 产品成本为每件 460 元)。

记 账 凭 证

200×年×月×日　　　　凭证编号 1

摘　要	一级科目	明细科目	借方金额									贷方金额									记账
			百	十	万	千	百	十	元	角	分	百	十	万	千	百	十	元	角	分	
合　计																					

附件　张

会计主管：　　　复核：　　　记账：　　　制单：

(25)6月30日,计算并结转本月应缴所得税(所得税税率为25%)。

记　账　凭　证

200×年×月×日　　　　凭证编号1

摘　要	一级科目	明细科目	借方金额									贷方金额									记账
			百	十	万	千	百	十	元	角	分	百	十	万	千	百	十	元	角	分	
合　计																					

附件　张

会计主管：　　复核：　　记账：　　制单：

(26)6月30日,按净利润的10%提取盈余公积。

记　账　凭　证

200×年×月×日　　　　凭证编号1

摘　要	一级科目	明细科目	借方金额									贷方金额									记账
			百	十	万	千	百	十	元	角	分	百	十	万	千	百	十	元	角	分	
合　计																					

附件　张

会计主管：　　复核：　　记账：　　制单：

(27)6 月 30 日，按剩余利润的 40%向投资者分配利润。

记 账 凭 证

200×年×月×日　　　　凭证编号 1

摘要	一级科目	明细科目	借方金额									贷方金额									记账
			百	十	万	千	百	十	元	角	分	百	十	万	千	百	十	元	角	分	
合计																					

附件　张

会计主管：　　复核：　　记账：　　制单：

要求

根据以上各项经济业务编制通用记账凭证。

第六章　会计账簿

内容导学

一、学习目的和基本要求

会计账簿是由一定格式的账页组成的，以经过审核无误的记账凭证为依据，全面、系统、连续地记录各项经济业务的簿籍。设置和登记账簿是编制会计报表的基础。各单位应当按照国家统一的会计制度的规定和会计业务的需要设置会计账簿，以便系统地归纳会计信息，全面、系统、连续地核算和监督单位的经济活动及其财务收支情况。通过本章的学习，了解账簿的概念、作用、分类，重点掌握日记账、总分类账和明细分类账的设置和具体登记方法，掌握错账的更正方法。

在本章学习中应注意以下问题：

(1)账簿的作用、种类和格式。

(2)账簿的设置与登记。

(3)错账的更正。

二、基本概念

序时账，分类账，备查账，总分类账与明细分类账的平行登记，划线更正法，红字更正法，补充登记法。

三、学习重点、难点和考点

(1)现金日记账的设置和登记。

(2)银行存款日记账的设置和登记。

(3)总分账的设置和登记。

(4)明细分类账的设置和登记。

(5)错账的更正。

同步练习

一、单项选择题

1. 经营租入的固定资产，应登记在（　　）。

A. 日记账　　B. 总分类账
C. 明细分类账　　D. 备查账簿

2. 现金日记账应采用的格式是（　　）。

A. 订本式　　B. 三栏式
C. 多栏式　　D. 分类式

3. 为了使总分类账与其所属的明细账之间能起到统驭、控制与辅助、补充的作用，便于账户核对，确保核算资料的正确、完整，必须采取的方法是（　　）。

A. 补充登记　　B. 平行登记
C. 定期登记　　D. 红字登记

4. 一笔经济业务的发生额为 9 956 元，而记账时误记为 9 965 元，其所依据的记账凭证没有错误，则更正此错误记录应采取的方法是（　　）。

A. 红字更正法（全额冲销）　　B. 划线更正法
C. 红字更正法（差额冲销）　　D. 补充登记法

5. 记账后，如果发现记账错误是由于记账凭证所列会计科目或金额有错误引起的，可采用（　　）。

A. 红字更正法　　B. 划线更正法
C. 补充登记法　　D. A，B 均可

二、多项选择题

1. 企业到银行提取现金 500 元，此项业务应在（　　）中登记。

A. 现金日记账　　B. 银行存款日记账
C. 总分类账　　D. 明细分类账
E. 备查账

2. 可以作为现金日记账记账依据的有（　　）。

A. 现金收款凭证　　B. 现金付款凭证
C. 银行存款收款凭证　　D. 银行存款付款凭证
E. 转账凭证

3. 红字更正法的方法要点是（　　）。

A. 用红字金额填写一张与错误记账凭证完全相同的记账凭证并用红字记账

B. 用红字金额填写一张与错误原始凭证完全相同的记账凭证并用红字记账

C. 用蓝字金额填写一张与错误原始凭证完全相同的记账凭证并用蓝字记账

D. 再用红字重填一张正确的记账凭证，登记入账

E. 再用蓝字重填一张正确的记账凭证，登记入账

4. 对账的内容包括(　　)。

A. 账证核对　　B. 账账核对

C. 账表核对　　D. 账实核对

E. 账卡核对

5. 结账工作包括的内容有(　　)。

A. 计算、登记期末余额　　B. 编制试算平衡表

C. 按权责发生制原则进行账项调整

D. 计算、登记本期发生额

E. 将本期发生的经济业务全部登记入账

三、判断题

1. 在整个账簿体系中，日记账和分类账是主要账簿，备查账为辅助账簿。(　　)

2. 三栏式账簿一般适用于费用、成本等明细账。(　　)

3. 企业对代销的商品，可以设备查账簿进行登记。(　　)

4. 结账之前，如果发现账簿中所记文字或数字有过账笔误或计算错误，而记账凭证并没有错，可用划线更正法更正。(　　)

5. 租入的固定资产不能在“固定资产”分类账中登记，而应在备查账簿中登记，因此，应在编制会计报表时，“固定资产”项目应是“固定资产”分类账与备查账簿的金额之和。(　　)

四、业务题

(一)目的

练习银行存款日记账的登记。

资料

华厦企业“银行存款”日记账上年余额为 200 000 元，2006 年 1 月份发生下列经济业务：

(1)6 日,从银行取得短期借款 300 000 元,存入银行。

(2)9 日,购入材料一批,价款计 200 000 元,增值税进项税额为 34 000 元,材料未到,款项通过银行付讫。

(3)10 日,投资者投入资金 500 000 元,存入银行。

(4)13 日,从银行提取现金 80 000 元,准备发放工资。

(5)14 日,把多余的现金 9 000 元存入银行。

(6)17 日,收回上月应收的销货款 48 000 元。

(7)29 日,用银行存款预付购买材料款 30 000 元。

要求

1. 根据上述经济业务编制收、付、转记账凭证。

2. 练习逐笔登记“银行存款日记账”。登记账簿要求如下:标明记账凭证的种类及编号;登记借方、贷方金额及对应科目;每笔业务登账后结出余额;月末结算出本期发生额及期末余额。

(二)目的

练习总分类账与明细分类账的平行登记。

资料

A 工厂 6 月 1 日“原材料”总分类账户余额为 19 200 元;所属明细分类账户的余额如下:甲材料:900 千克,单价为 20 元/千克,计 18 000 元;乙材料:300 千克,单价为 4 元/千克,计 1 200 元,增值税税率为 17%。6 月份发生如下部分经济业务,要求编制会计分录(“材料采购”与“原材料”账户需列示明细科目)。

(1)2 日,收到某单位归还前欠货款 50 000 元,存入银行。

(2)4 日,从银行提取现金 30 000 元,以备发放本月工资。

(3)4 日,购进甲材料 1 000 千克,单价为 20 元/千克;购进乙材料 500 千克,单价为 4 元/千克,增值税税率为 17%。全部款项以银行存款支付,材料尚未运达企业。

(4)5 日,生产产品领用甲材料 800 千克。

(5)5 日,用银行存款 5 000 元向供货单位预付购买材料的货款。

(6)7 日,购进的甲材料、乙材料全部验收入库,按其实际成本予以转账。

(7)10 日,以银行存款支付罚款 500 元。

(8)12 日,销售 A 产品 500 件,单位售价为 100 元/件;以现金代垫运费 800 元;上述款项均未收回。

(9)15 日,销售部门从仓库领用乙材料 200 千克,用于产品促销。

(10)16 日,以银行存款支付本月广告费 10 000 元。

(11)18 日,购入一台需要安装的设备,买价和税金共计 58 500 元,全部款项已用银行存款支付。

(12)20 日,用银行存款支付上述设备运杂费 1 500 元。

(13)22 日,上述设备安装工程中,耗用人工 3 000 元。

(14)25 日,收到投资人投入的旧设备一台,其确认价为 50 000 元。

(15)26 日,上述设备安装完毕,交付使用。

要求

1. 根据企业发生的上述经济业务,采用借贷记账法编制会计分录,并指明采用何种记账凭证。

2. 登记“原材料”总分类账及其所属明细分类账户。

(三)目的

练习错账的更正方法。

资料

某企业将账簿记录与记账凭证进行核对时,发现下列经济业务的账簿记录有误:

(1)以现金 1 000 元支付企业管理部门购买办公用品费用。原记账凭证的会计分录为:

借:财务费用　　1 000

贷:库存现金　　1 000

(2)签发转账支票 6 000 元支付本季度办公用房租金。原记账凭证的会计分录为:

借:管理费用　　6 000

贷:银行存款　　6 000

登记“管理费用”和“银行存款”账户时,误将 6 000 元记为 600 元。

(3)结转本月实际完工产品的生产成本 56 000 元。原记账凭证的会计分录为:

借:库存商品　　65 000

贷:生产成本　　65 000

(4)收到购货单位偿还上月所欠货款 12 000 元。原记账凭证的会计分录为:

借:银行存款　　21 000

贷:应付账款　　21 000

(5)计提本月份公司固定资产折旧费 4 600 元。原记账凭证的会计分录为:

借:管理费用　　　　　　　　　　6 400

贷:累计折旧　　　　　　　　　　6 400

(6)结转本月产品销售收入 520 000 元。原记账凭证的会计分录为:

借:本年利润　　　　　　　　　　500 000

贷:主营业务收入　　　　　　　　500 000

(7)用银行存款支付所欠供货单位货款 32 000 元。原记账凭证的会计分录为:

借:应付账款　　　　　　　　　　30 000

贷:银行存款　　　　　　　　　　30 000

要求

根据上述情况分析各项经济业务错误原因,按规定分别以相应的错账更正方法予以更正。

第七章 会计核算程序

内容导学

一、学习目的和基本要求

会计核算程序也称会计核算形式或会计账务处理程序，是将会计凭证、会计账簿、会计报表相结合的方式。因凭证、账簿、报表的结合方式不同，形成不同的核算程序、方法、特点和适用范围。科学合理地选择适用本单位的会计核算程序，对于提高会计核算工作效率和质量有重要意义。通过本章的学习，熟悉会计核算程序的概念、分类及主要特点，重点掌握记账凭证核算程序、科目汇总表核算程序及汇总记账凭证核算程序。

在本章学习中应注意以下问题：

(1)会计核算程序种类及其主要特点。

(2)各种会计核算程序优缺点及适用范围。

二、基本概念

记账凭证核算程序，科目汇总表核算程序，汇总记账凭证核算程序。

三、学习重点、难点和考点

(1)记账凭证核算程序。①凭证、账簿的设置。②记账凭证账务处理程序。

(2)科目汇总表核算程序。①凭证、账簿的设置。②科目汇总表的编制方法。③科目汇总表账务处理程序。

(3)汇总记账凭证核算程序。①凭证、账簿的设置。②汇总记账凭证的编制方法。③汇总记账凭证账务处理程序。

同步练习

一、单项选择题

1. 根据汇总记账凭证登记总分类账,称为(　　)。
A. 记账凭证会计核算程序　　B. 汇总记账凭证会计核算程序
C. 科目汇总表会计核算程序　　D. 日记总账会计核算程序

2. 各种不同的会计核算程序的主要区别是(　　)。
A. 单位经济业务的特点不同
B. 各单位经营管理的要求不同
C. 登记总分类账的依据和方法不同
D. 凭证的传递程序不同

3. 科目汇总表的主要缺点是不能反映出(　　)。
A. 借方发生额　　B. 贷方发生额
C. 借方和贷方发生额　　D. 科目对应关系

4. 在汇总记账凭证会计核算程序下,平时填制转账凭证时,科目的对应关系最好保持(　　)。
A. 一个借方科目同一个贷方科目相对应
B. 一个借方科目同几个贷方科目相对应
C. 一个贷方科目同几个借方科目相对应
D. 几个借方科目同几个贷方科目相对应

5. 在汇总记账凭证核算程序下,总分类账账页格式一般采用(　　)。
A. 三栏式　　B. 多栏式
C. 设有"对应科目"栏的三栏式　　D. 数量金额式

二、多项选择题

1. 汇总记账凭证核算程序的优点是(　　)。
A. 总账能反映账户对应关系,便于对经济业务进行分析和检查
B. 减少登记总账的工作量
C. 月份内贷方科目的转账凭证不多时,可减少核算工作量
D. 有利于对全部账户的发生额进行试算平衡
E. 该程序手续简便,方法易学

2. 登记总分类账的依据可以是(　　)。
A. 记账凭证　　B. 汇总记账凭证

C. 科目汇总表　　　　　　　　D. 现金、银行日记账

E. 原始凭证汇总表

3.(　　)属于记账凭证会计核算程序中的正确步骤。

A. 根据原始凭证编制记账凭证

B. 根据记账凭证登记总账

C. 根据记账凭证中的收、付款凭证登记现金、银行存款日记账

D. 根据总账编制会计报表

E. 根据原始凭证登记日记账

4.(　　)属于汇总记账凭证会计核算程序下的正确步骤。

A. 根据原始凭证编制记账凭证

B. 根据收、付款凭证登记现金、银行存款日记账

C. 根据原始凭证或转账凭证登记明细账

D. 根据记账凭证编制汇总记账凭证

E. 根据汇总记账凭证登记总账

5. 科目汇总表会计核算程序和汇总记账凭证会计核算程序虽有不同,但它们也有许多共同之处,如(　　)。

A. 根据原始凭证编制记账凭证

B. 根据记账凭证或原始凭证登记明细账

C. 根据总账、明细账和有关资料编制会计报表

D. 根据收、付款凭证登记现金、银行存款日记账

E. 根据记账凭证编制汇总记账凭证

三、判断题

1. 记账凭证会计核算程序是其他各种账务处理程序的基础。　(　　)

2. 各种账簿都是直接根据记账凭证进行登记的。　(　　)

3. 无论何种会计核算程序,都需要日记账、明细账分别与总账定期核对。　(　　)

4. 各种会计核算程序之间的区别在于编制会计报表的依据和方法不同。　(　　)

5. 采用科目汇总表会计核算程序,总账明细账和日记账都应根据科目汇总表登记。　(　　)

四、业务题

(一)目的

熟悉记账凭证会计核算程序下会计核算的方法、程序和步骤。

资料

光明公司采用科目汇总表会计核算程序进行会计核算，200×年6月1日该公司总分类账户期初余额见表7.1。

表　7.1　　　　　　　　　　单位:元

账户名称	总分类账户		明细分类账户	
	借方余额	贷方余额	借方余额	贷方余额
库存现金	1 000			
银行存款	106 000			
应收账款	2 000			
——利民工厂			3 000	
——胜利工厂				1 000
原材料	44 000			
——A材料			20 000	
——B材料			24 000	
生产成本	6 000			
——甲产品			2 000	
——乙产品			4 000	
库存商品	10 000			
——甲产品			4 000	
——乙产品			6 000	
固定资产	180 000			
累计折旧		30 000		
应付利息		5 000		
应交税费		56 000		
实收资本		242 000		
本年利润		80 000		
利润分配	64 000			
合计	413 000	413 000		

光明公司200×年6月份发生如下经济事项：

(1)6月4日，从红星工厂购入A材料1 000千克，每千克20元，价款计20 000元，增值税进项税额为3 400元，款项共计23 400元，已通过银行付款，材料已验收入库。

(2)6月5日，销售甲产品20台，每台售价4 000元，价款计80 000元，增值税销项税额为13 600元；销售乙产品30台，每台售价5 000元，价款计150 000元，增值税销项税额为25 500元。全部款项269 100元已通过银行收讫。

(3)6 月 6 日，购入 B 材料 8 000 千克，每千克 10 元，价款计 80 000 元，增值税进项税额为 13 600 元，款项共计 93 600 元，已通过银行付款，材料已验收入库。

(4)6 月 10 日，生产车间及公司行政管理部门本月领用材料情况见表 7.2。

表　7.2

应用项目	A 材料		B 材料		金额合计/元
	数量/千克	金额/元	数量/千克	金额/元	
生产成本					
甲产品	500	10 000	3 000	30 000	40 000
乙产品	700	14 000	5 000	50 000	64 000
制造费用	100	2 000	1 500	15 000	17 000
管理费用	200	4 000	500	5 000	9 000
合　计	1 500	30 000	10 000	100 000	130 000

(5)6 月 13 日，计算本月应付职工工资及福利费。生产人员工资：生产甲产品工人工资为 20 000 元，乙产品工人工资为 30 000 元；车间管理人员工资为 4 000 元，公司行政管理人员工资为 6 000 元。按照工资总额的 14%提取职工福利费，生产甲产品工人的福利费为 2 800 元，乙产品工人福利费为 4 200元，车间管理人员福利费为 560 元，公司行政管理人员的福利费为 840 元。

(6)6 月 14 日，从银行提取现金 60 000 元备发工资。

(7)6 月 15 日，给职工发放工资。

(8)6 月 16 日，销售甲产品 5 台给胜利工厂，每台售价 4 000 元，价款计 20 000 元，增值税销项税额为 3 400 元。款项共计 23 400 元，尚未收到。

(9)6 月 17 日，以现金 200 元支付销售甲产品的运杂费。

(10)6 月 18 日，以银行存款 13 500 元支付本月水电费。其中，生产甲产品耗用水电 3 000 元，乙产品耗用水电 5 000 元，生产车间照明耗用水电 4 000 元，公司行政管理部门耗用水电 1 500 元。

(11)6 月 19 日，销售乙产品 10 台给利民工厂，每台售价为 5 000 元，价款计 50 000 元，增值税销项税额为 8 500 元。款项共计 58 500 元，尚未收到。

(12)6 月 20 日，以银行存款支付公司行政管理部门办公费 1 060 元。

(13)6 月 21 日,收到利民工厂通过银行转账的前欠货款 61 500 元。

(14)6 月 22 日,以银行存款 1 300 元支付产品销售的广告费。

(15)6 月 23 日,以现金 440 元支付生产车间机器设备的零星修理费。

(16)6 月 24 日,以银行存款 3 600 元支付下一年度的报刊费。

(17)6 月 25 日,从银行取得短期借款 50 000 元,存入银行。

(18)6 月 30 日,按规定提取固定资产折旧费 8 000 元,其中,生产车间固定资产折旧 6 000 元,公司行政管理部门固定资产折旧 2 000 元。

(19)6 月 30 日,计算本月发生的制造费用,总额为 32 000 元,其中,甲产品应负担的制造费用为 14 200 元,乙产品应负担的制造费用为 17 800 元。

(20)6 月 30 日,本月完工产品验收入库,甲产品完工 35 台,总成本为 80 500元,单位成本为 2 300 元/台;乙产品完工 40 台,总成本为 120 000 元,单位成本为 3 000 元/台。

(21)6 月 30 日,本月共销售甲产品 25 台,单位成本为 2 300 元/台,产品销售成本为 57 500 元;本月共销售乙产品 40 台,单位成本为 3 000 元/台,产品销售成本为 120 000 元。结转已销产品成本。

(22)6 月 30 日,将本月损益类账户的发生额结转到"本年利润"账户。

(23)6 月 30 日,按 25%的税率计算企业应交纳的企业所得税。

(24)6 月 30 日,按 10%计提本月盈余公积。

(25)6 月 30 日,以银行存款交纳应交税金 56 000 元。

要求

1. 根据所给的资料开设三栏式总账,登记期初余额见表 7.3。

2. 根据资料中发生的经济事项,编制记账凭证(使用会计分录代替)。

3. 根据记账凭证逐笔登记有关总分类账。

4. 结算出各账户的本期发生额和期末余额。

5. 根据总账资料,编制光明公司 200×年 6 月份"总分类账户发生额及余额表"。

6. 根据账簿记录,编制"资产负债表"和"利润表"。

(二)目的

熟悉科目汇总表会计核算程序下会计核算的方法、程序和步骤。

资料

以业务题(一)中光明公司 200×年 6 月份的资料为例。

要求

1. 将记账凭证按旬(1～10 日,11～20 日,21～30 日)分别汇总,全月编制一张记账凭证汇总表，并据以登记总账。

2. 月末，将有关账簿记录进行核对，编制“总分类科目发生额及余额试算平衡表”。

3. 试算平衡后，编制“资产负债表”和“利润表”。

表　7.3　　　　单位：元

账户名称	借方余额	贷方余额
库存现金	1 000	
银行存款	106 000	
应收账款	2 000	
原材料	44 000	
生产成本	6 000	
库存商品	10 000	
固定资产	180 000	
累计折旧		30 000
应付利息		5 000
应交税费		56 000
实收资本		242 000
本年利润		80 000
利润分配	64 000	
合　计	413 000	413 000

（三）目的

熟悉汇总记账凭证会计核算程序下会计核算的方法、程序和步骤。

资料

使用业务题（一）中光明公司 200×年 6 月份的资料。

要求

将记账凭证进行汇总，按每 10 天汇总一次，编制汇总收款凭证、汇总付款凭证、汇总转账凭证，并据以登记总账。

第八章　财产清查

内容导学

一、学习目的和基本要求

财产清查是会计核算的基本方法之一。为了保证企业对外提供会计信息的质量，在期末编制财务报告之前，以及企业进行清产核资、整体资产评估、企业改制、合并、歇业及破产等时，都必须进行全面或局部、定期或不定期的财产清查。通过本章学习，要求了解财产清查的概念、作用、种类和准备工作，重点掌握财产清查的内容、方法以及财产清查结果的账务处理。

二、基本概念

财产清查，永续盘存制，实地盘存制。

三、学习重点、难点和考点

(1)材料采购成本的归集和计算。
(2)生产成本的归集和计算。
(3)“本年利润”账户的应用。
(4)利润分配过程的核算。

同步练习

一、单项选择题

1. 对库存现金进行清查时，一般采取(　　)。
   A. 账面清查　　B. 实地盘点
   C. 账账核对　　D. 账证核对
2. 技术推算法通常适用于(　　)的盘点。

A. 固定资产　　B. 流动资产
C. 银行存款　　D. 大量成堆，难以逐一清点的物资

3. 对各项财产物资的盘点结果应登记在(　　)。
A. 银行对账单　　B. 盘存单
C. 账存实存对比表　　D. 现金盘点报告表

4. 对于银行已经入账而本单位尚未入账的未达账项，企业应该(　　)。
A. 根据银行对账单调整存款余额
B. 立即入账
C. 记入月末银行存款日记账　　D. 等结算凭证到达后入账

5. 存货发生定额内损耗时，在批准处理前应记入(　　)账户。
A. 营业外支出　　B. 其他应收款
C. 管理费用　　D. 待处理财产损溢

二、多项选择题

1. 当(　　)时，应对财产进行不定期清查。
A. 更换财产、物资和现金经管人员
B. 财产发生非常灾害或意外损失
C. 财政机关对企业进行会计检查
D. 与其他企业合并

2. “待处理财产损溢”账户的借方可以登记(　　)。
A. 经批准转销的财产盘盈、盘亏　B. 待批准转销的财产盘盈、盘亏
C. 待批准处理的财产盘亏、毁损　D. 经批准转销的财产盘盈

3. 实地盘点一般适用于(　　)清查。
A. 银行存款　　B. 库存现金
C. 实物物资　　D. 应收账款

4. 造成财产物资的账面结存数额与实际结存数额不符的原因有(　　)。
A. 财产保管过程中发生自然损耗、意外损失或责任事故
B. 在凭证或账簿记录中漏记、错记或计算错误
C. 在财产收发过程中没有填制记账凭证就登记入账
D. 由于营私舞弊、贪污盗窃发生的财产损失

5. 企业一般在(　　)时，进行全面清查。
A. 单位撤销、合并　　B. 清产核资
C. 年终决算　　D. 编制月报

三、判断题

1.一般情况下,全面清查可以是定期清查,也可以是不定期清查。( )

2.实地盘存制下企业平时对财产物资只登记增加数,不登记减少数。( )

3.企业若采用永续盘存制就不会出现账实不符的情况。( )

4.编制银行存款余额调节表调整后的存款余额是企业可以支用的银行存款实有数。( )

5.盘盈的流动资产经批准后应从“待处理财产损益”账户转入“管理费用”账户。( )

四、业务题

(一)目的

练习银行存款余额调节表的编制。

资料

光明公司 2006 年 10 月 31 日银行存款日记账的余额为 95 000 元,开户银行对账单的存款余额为 97 000 元。经核实,有以下几项未达账项:

(1)企业开出现金支票一张 1 500 元,已作减少银行存款入账,但持票人尚未去银行提取,银行尚未入账。

(2)企业于月末将收到的转账支票 6 500 元解入银行,已作增加银行存款入账,而银行尚未入账。

(3)企业委托开户银行代收款 7 800 元,银行已收到并入账,企业尚未接到收款通知,尚未入账。

(4)开户银行在企业的存款内扣除借款利息 800 元,并已作为减少企业存款入账,企业尚未接到转账通知,尚未入账。

要求

根据上述未达账项,编制银行存款余额调节表。

(二)目的

练习财产清查的账务处理。

资料

华瑞工贸公司 200×年 9 月进行财产清查时发生以下经济业务:

(1)盘亏水泵一部,原价 5 200 元,账面已提折旧 1 400 元。

(2)发现账外机器一台,估计重置价值 10 000 元,现值 6 000 元。

(3)甲材料账面量为 455 千克,价值 19 110 元。盘点实际结存量为 450 千克,经查明其中 3 千克为定额损耗,2 千克为日常收发计量差错。

(4)乙材料账面量为 166 千克,价值 5 312 元,盘点实际库存量为 161 千克,经查缺少数为保管人员失职造成的散失。

(5)丙材料盘盈 25 千克,每千克 30 元,经查明为代兄弟厂加工剩余材料,该厂未及提回(以上甲、乙、丙材料购入时的进项税税率为 17%)。

(6)经检查其他应收款账目,有运输公司欠款 250 元,属于委托该公司运输材料,由于装卸工疏忽而造成的损失。已确定由该公司赔偿,但该运输公司已撤销,无法收回。

上列各项盘盈、盘亏和损失,经查明原因属实,报经领导批准,作如下处理:

(1)盘亏水泵系因自然灾害遭致毁损,作非常损失处理。

(2)账外机器尚可使用,交车间投入生产,作增加营业外收入处理。

(3)材料定额内损耗及材料收发计量错误,均列入管理费用。

(4)保管人员失职造成材料短缺损失,责成过失人赔偿。

(5)无法收回的应收款项,列入营业外收入支出。

要求

1. 将上列清查结果,编制审批前的会计分录。

2. 根据报请批准处理的结果,编制会计分录。

3. 列示"待处理财产损益"账户的具体内容。

(三)目的

练习实地盘存制的财产清查方法。

资料

光明公司 2006 年 10 月 1 日库存甲种材料 65 000 件,价值 6 500 元,本月购进情况如下:

日　期	收入量
10 月 1 日	20 000 件
10 月 8 日	16 000 件
10 月 15 日	30 000 件
10 月 22 日	25 000 件
10 月 28 日	32 000 件

上述各批甲材料的单位成本均为每件 0.10 元。该公司于 10 月 31 日实地盘存甲材料 45 000 件。

要求

根据实地盘存制的财产清查方法,计算光明公司 10 月份甲材料的发出量(假设发出的甲材料均投入生产使用)。

第九章 财务会计报告

内容导学

一、学习目的和基本要求

通过本章内容的学习，理解财务报告的定义、分类及编制要求；掌握财务报告的组成，资产负债表和利润表的定义、结构和编制方法；了解现金流量表和所有者权益变动表的定义、结构和内容。

在本章学习中应注意以下问题：

(1)财务报告的定义、组成、分类及基本要求。

(2)资产负债表的结构、内容及填制方法。

(3)利润表的结构、内容及填制方法。

(4)现金流量表的基本概念、结构及内容。

二、基本概念

财务报告，资产负债表，利润表，现金流量表，会计报表附注。

三、学习重点、难点和考点

(1)财务报告的定义及要求。

(2)资产负债表的填制方法。

(3)利润表的结构、内容及填制方法。

(4)现金流量表的结构及内容。

(5)会计报表附注的定义。

同步练习

一、单项选择题

1. 反映企业在某一特定日期资产、负债及所有者权益情况的会计报表是（　　）。

A. 资产负债表　　B. 利润表

C. 利润分配表　　D. 现金流量表

2. 在利润表上，利润总额扣除（　　）后，得出净利润或净亏损。

A. 管理费用和财务费用　　B. 增值税

C. 营业外收支净额　　D. 所得税费用

3. 为了具体反映利润表的形成情况，我国现行的利润表的结构一般采用（　　）结构。

A. 单步式　　B. 三步式

C. 多步式　　D. “丁”字形

4. 资产负债表中，负债项目是按照（　　）进行排列的。

A. 变现能力　　B. 盈利能力

C. 清偿债务的先后顺序　　D. 变动性

5. 资产负债表是根据（　　）这一会计等式编制的。

A. 收入－费用＝利润

B. 现金流入－现金流出＝现金净流量

C. 资产＋费用＝负债＋所有者权益＋收入

D. 资产＝负债＋所有者权益

二、多项选择题

1. 企业财务报表至少应当包括（　　）。

A. 利润表　　B. 所有者（股东权益）变动表

C. 资产负债表　　D. 现金流量表

2. 现金流量表中的现金，是指企业库存现金、随时可用于支付的存款。它具体包括（　　）。

A. 库存现金　　B. 银行存款

C. 其他货币资金　　D. 短期借款

3. 利润表的项目共分为四个层次，其内容是（　　）。

A. 主营业务利润　　B. 营业利润、

C. 净利润　　　　　　　　　　D. 利润总额

4. 报表使用者通过利润表可以了解的信息有(　　)。

A. 企业资产变动情况

B. 企业收入、成本和费用及利润的实现情况

C. 企业的获利能力

D. 投资者投入资本的保值增值能力

5. 资产负债表分为左、右两方,右方是(　　)项目。

A. 资产　　　　　　　　　　B. 负债

C. 所有者权益　　　　　　　D. 利润

三、判断题

1. 资产负债表中的资产项目是按资产的重要性大小顺序排列的。(　　)

2. 反映企业在一定会计期间经营成果的报表是现金流量表。　(　　)

3. 会计报表附表主要有资产减值准备明细表、利润分配表、分部表等,是对主要报表的必要补充。　(　　)

4. 按照我国现行会计制度规定,企业每个月末都要编制资产负债表。(　　)

5. 为了避免财务报告延迟报送,也可以在会计期末前提前编制报表。(　　)

四、业务题

(一)华宇公司 2007 年 12 月 31 日的资产负债表(年初余额略)及 2008 年 12 月 31 日的科目余额表分别见表 9.1 和表 9.2。

表 9.1　资产负债表

会企 01 表

编制单位:华宇公司　　　　2007 年 12 月 31 日　　　　单位:万元

资　产	期末余额	年初余额	负债和所有者权益(或股东权益)	期末余额	年初余额
流动资产:		略	流动负债:		略
货币资金	3 000		短期借款	1 000	
交易性金融资产	0		交易性金融负债	0	
应收票据	3 000		应付票据	0	
应收账款	1 500		应付账款	2 000	

续 表

资　产	期末余额	年初余额	负债和所有者权益（或股东权益）	期末余额	年初余额
预付款项	0		预收款项	200	
应收利息	0		应付职工薪酬	2 200	
应收股利	0		应交税费	1 000	
其他应收款	0		应付利息	0	
存货	3 600		应付股利	0	
一年内到期的非流动资产	0		其他应付款	0	
其他流动资产	0		一年内到期的非流动负债	0	
流动资产合计	11 100		其他流动负债	0	
非流动资产：			流动负债合计	6 400	
可供出售金融资产	0		非流动负债：		
持有至到期投资	200		长期借款	2 000	
长期应收款	0		应付债券	600	
长期股权投资	1 800		长期应付款	0	
投资性房地产	0		专项应付款	0	
固定资产	3 200		预计负债	0	
在建工程	0		递延所得税负债	0	
工程物资	0		其他非流动负债	0	
固定资产清理	0		非流动负债合计	2 600	
生产性生物资产	0		负债合计	9 000	
油气资产	0		所有者权益（或股东权益）：		
无形资产	700		实收资本（或股本）	4 000	
开发支出	0		资本公积	800	
商誉	0		减：库存股		

续 表

资　产	期末余额	年初余额	负债和所有者权益（或股东权益）	期末余额	年初余额
长期待摊费用	0		盈余公积	700	
递延所得税资产	0		未分配利润	2 500	
其他非流动资产	0		所有者权益（或股东权益）合计	8 000	
非流动资产合计	5 900				
资产总计	17 000		负债和所有者权益（或股东权益）总计	17 000	

表 9.2　科目余额表

2008 年 12 月 31 日　　　　单位：万元

科目名称	借方余额	科目名称	贷方余额
库存现金	50	应付票据	1 000
银行存款	900	应付账款	3 000
其他货币资金	150	预收账款	200
应收票据	3 500	应付职工薪酬	1 000
应收账款	1 850	应交税费	800
坏账准备	−50	应付债券	600
预付账款	670	长期借款	2 000
库存商品	700	股本	4 000
周转材料	150	盈余公积	1 000
原材料	300	利润分配（未分配利润）	5 200
在途物资	180		
固定资产	5 200		
累计折旧	−150		
固定资产减值准备	−50		
无形资产	630		
累计摊销	−30		
长期股权投资	4 800		
合　计	18 800	合　计	18 800

要求

根据上述资料，编制华宇公司 2008 年 12 月 31 日的资产负债表，见表 9.3。

表 9.3　资 产 负 债 表

会企 01 表

编制单位：　　　　年　　月　　日　　　　单位：万元

资　产	期末余额	年初余额	负债和所有者权益（或股东权益）	期末余额	年初余额
流动资产：			流动负债：		
货币资金			短期借款		
交易性金融资产			交易性金融负债		
应收票据			应付票据		
应收账款			应付账款		
预付款项			预收款项		
应收利息			应付职工薪酬		
应收股利			应交税费		
其他应收款			应付利息		
存货			应付股利		
一年内到期的非流动资产			其他应付款		
其他流动资产			一年内到期的非流动负债		
流动资产合计			其他流动负债		
非流动资产：			流动负债合计		
可供出售金融资产			非流动负债：		
持有至到期投资			长期借款		
长期应收款			应付债券		
长期股权投资			长期应付款		
投资性房地产			专项应付款		
固定资产			预计负债		

续表

资　产	期末余额	年初余额	负债和所有者权益（或股东权益）	期末余额	年初余额
在建工程			递延所得税负债		
工程物资			其他非流动负债		
固定资产清理			非流动负债合计		
生产性生物资产			负债合计		
油气资产			所有者权益（或股东权益）：		
无形资产			实收资本（或股本）		
开发支出			资本公积		
商誉			减：库存股		
长期待摊费用			盈余公积		
递延所得税资产			未分配利润		
其他非流动资产			所有者权益（或股东权益）合计		
非流动资产合计					
资产总计			负债和所有者权益（或股东权益）合计		

（二）华宇公司2008年度有关损益类科目本年累计发生净额见表9.4。

表9.4　2008年度损益类科目累计发生净额 单位：万元

科目名称	借方发生额	贷方发生额
主营业务收入		9 000
其他业务收入		1 000
营业外收入		300
投资收益		100
主营业务成本	4 500	
其他业务成本	500	
营业税金及附加	100	
销售费用	200	

续 表

科目名称	借方发生额	贷方发生额
管理费用	500	
财务费用	20	
营业外支出	200	
资产减值损失	500	
所得税费用	880	

要求

根据上述资料,编制华宇公司2008年度利润表,见表9.5。

表9.5 利 润 表

会企02表

编制单位: 2008年度 单位:万元

项 目	本期金额	上期金额
营业收入		略
减:营业成本		
营业税金及附加		
销售费用		
管理费用		
财务费用		
资产减值损失		
加:公允价值变动收益(损失以"-"号填列)		
投资收益(损失以"-"号填列)		
其中:对联营企业和合营企业的投资收益		
营业利润(亏损以"-"号填列)		
加:营业外收入		
减:营业外支出		
其中:非流动资产处置损失		
利润总额(亏损总额以"-"号填列)		
减:所得税费用		
净利润(净亏损以"-"号填列)		
每股收益:	略	
基本每股收益		
稀释每股收益		

第十章　会计工作的组织

内容导学

一、学习目的和基本要求

通过前面几章内容的学习，我们已经对复式记账法、会计循环以及会计的其他相关领域有了一个基本的了解和认识，这不仅教会了我们如何去探索会计基础理论，更重要的还在于我们已经能够运用会计的基础理论去解决一些实际问题，做到了理论与实际的结合。在此基础上，我们还需要学习会计工作组织的有关内容，理解和掌握一个会计工作组织中把各种会计核算方法讨诸实现需要创造的条件，以便在实践中合理安排会计工作。

通过本章的学习，应注意以下问题：

(1)应明确会计工作组织是会计工作的组织保证，了解正确组织会计工作的重要性和应遵循的要求。

(2)熟悉会计机构的设置、组织方式和岗位责任制。

(3)熟悉会计人员的职责、权限和对会计人员的要求。

(4)熟悉会计人员的任免条件。

(5)熟悉会计法规制度的构成。

(6)熟悉会计档案的归档、保管和销毁程序，了解会计电算化的基本知识。

二、基本概念

会计工作组织，会计机构，会计人员从业资格，会计职业道德，会计档案，会计电算化。

三、学习重点、难点和考点

(1)会计工作的组织方式。

(2)会计人员的职责与权限。

(3)我国会计法规体系的三个层次。

(4)会计档案的管理要求。

(5)会计电算化的基本内容。

同步练习

一、单项选择题

1.下列不属于会计人员专业技术职称的是(　　)。

A.会计师　　B.总会计师

C.高级会计师　　D.会计员

2.会计人员的职责中不包括(　　)。

A.进行会计核算　　B.实行会计监督

C.编制预算　　D.决定经营方针

3.当前,我国会计法规制度体系的第一层次是(　　)。

A.《会计法》　　B.《企业会计准则》

C.《企业财务通则》　　D.各大行业会计制度

4.以下不属于会计档案的有(　　)。

A.会计报表　　B.会计凭证和账簿

C.财务计划和预算　　D.其他会计资料

5.会计年度报表按规定应(　　)。

A.保留 15 年　　B.保留 25 年

C.永久保留　　D.保留 10 年

二、多项选择题

1.我国会计专业技术职务分别规定为(　　)。

A.高级会计师　　B.会计师

C.注册会计师　　D.助理会计师

E.会计员

2.企业会计工作的组织方式有(　　)。

A.集中核算　　B.专业核算

C.非集中核算　　D.群众核算

3.下列组织中,可以作为一个会计主体进行会计核算的有(　　)。

A.企业生产车间　　B.销售部门

C.分公司　　D.企业集团

4. 下列属于会计档案的是(　　)。

A. 会计凭证　　B. 会计账簿

C. 会计报表　　D. 会计报表附注

5. 会计工作岗位,可以(　　)。

A. 一人一岗　　B. 一人多岗

C. 一岗多人　　D. 出纳兼会计档案保管工作

三、判断题

1. 会计核算和会计监督是会计工作的两项重要内容,在实际工作中应该严格区分开来,单独进行。(　　)

2. 凡是会计主体都应进行独立核算。(　　)

3. 不具备会计机构设置条件的单位,可以委托会计师代理记账。(　　)

4. 会计档案保管期届满后,会计人员便可销毁会计档案。(　　)

5. 随着会计的发展,会计电算化将由核算型向管理型转换。(　　)

基础会计综合测试题一

一、单项选择题

1. 负债指过去的交易、事项形成的现时义务，履行该义务预期会导致(　　)流出企业。

A. 货币资金　　B. 资产或劳务

C. 财产　　D. 经济利益

2. 费用是指企业为销售商品(　　)等日常活动所发生的经济利益流出企业。

A. 生产成本　　B. 支出耗费

C. 提供劳务　　D. 发生损失

3. “利润分配”账户按用途和结构分类，属于(　　)账户。

A. 负债　　B. 所有者权益

C. 备抵调整　　D. 资本

4. 在下列账户中，(　　)账户属于损益类账户。

A. 生产成本　　B. 长期待摊费用

C. 制造费用　　D. 财务费用

5. 登账以后，发现记账凭证所记金额小于正确金额，应采用(　　)进行更正。

A. 红字更正法　　B. 平行登记

C. 划线更正法　　D. 补充登记法

6. 某企业资产总额是 120 万元，发生四笔经济业务：

(1)向银行借入 100 000 元，存入银行存款账户。

(2)购进原材料 10 000 元，以银行存款支付。

(3)收回应收账款 30 000 元，存入银行。

(4)用银行存款偿还应付账款 40 000 元。

其资产总额应为(　　)。

A. 128 万元　　B. 130 万元

C. 126 万元　　D. 132 万元

7. 下列各项支出不属于商品流通费用范围的是(　　)。

A. 工会经费　　B. 商品运杂费

C. 借款利息　　D. 商品加工费

8. “本年利润”账户 3 月 31 日的贷方余额为 120 000 元，表示(　　)。

A. 3 月份利润总额　　B. 一季度累计利润

C. 营业利润　　D. 产品销售利润

9. 下列原始凭证中属于累计原始凭证的是(　　)。

A. 销货发票　　B. 收款单据

C. 限额领料单　　D. 差旅费报销单

10. 会计决策方法不包括(　　)。

A. 对比分析法　　B. 决策表法

C. 决策树法　　D. 差量分析法

二、多项选择题

1. 在下列经济业务中，属于资产项目与负债项目同时增加的有(　　)。

A. 向银行借入款项存入银行　　B. 销售货款存入银行

C. 购进商品货款未付　　D. 商品售出货款未付

2. 记账凭证按其编制方法不同，可分为(　　)。

A. 分录凭证　　B. 转账凭证

C. 单式记帐凭证　　D. 复式记账凭证

3. 在下列账户中，如月末有余额表现在贷方的是(　　)。

A. 应付账款　　B. 银行存款

C. 材料采购　　D. 短期借款

4. 在下列凭证中，属于一次凭证的有(　　)。

A. 限额领料单　　B. 发票

C. 差旅费报销单　　D. 现金收据

5. 财产清查按照其清查的对象和范围可分为(　　)。

A. 全面清查　　B. 定期清查

C. 临时清查　　D. 局部清查

6. 下列内容不应列入本企业资产负债表的有(　　)。

A. 临时租入固定资产　　B. 临时租出固定资产

C. 租入包装物所付押金　　D. 受外单位委托代管商品

7. 下列支出应计入固定资产价值的有(　　)。

A. 建造厂房的支出　　B. 广告费用的支出

C. 营业外支出　　D. 购买生产用机床的支出

8.“永续盘存制”和“实地盘存制”的区别有(　　)。

A. 财产物资在账簿中的记录方法不同

B.“永续盘存制”不需要对财产物资进行清查盘点

C. 财产清查的方法不同

D. 财产清查的目的不同

9. 在财产清查中,编制物资盘点盈亏报告单的直接依据是(　　)。

A. 物资明细账簿记录　　B. 实存账存对比表

C. 盘存单　　D. 资产负债表的“存货”项目

10. 会计期末在账簿中结算损益时,下列(　　)账户的余额应转至“本年利润”账户。

A. 管理费用　　B. 制造费用

C. 营业外支出　　D. 主营业务收入

三、判断题

1. 登记账簿的依据是会计分录。(　　)

2. 科目汇总表与汇总记账凭证进行汇总,所用的汇总方法也基本相同。(　　)

3. 资产负债表是反映企业在某一特定日期全部资产、负债和所有者权益的报表。(　　)

4. 会计检查是对企业经济活动和财务收支的一种事后监督。(　　)

5. 汇总记账凭证会计核算程序适用性较强,大、中、小型企业均可采用。(　　)

6.“收入－费用＝利润”这个平衡公式是对企业财务状况的静态反映。(　　)

7. 如果试算平衡结果发现借贷余是平衡的,可以肯定记账没有差错。(　　)

8. 企业的“材料采购”账户余额,在月末应转入“本年利润”账户的借方。(　　)

9. 科目汇总表会计核算程序不仅可以简化总分类账的登记工作,而且还可以进行发生额试算平衡。(　　)

10. 账户与会计科目,两者的含义是一致的,没有什么区别。(　　)

四、业务题

(一)资料

200×年12月31日,某企业银行存款日记账的账面余额为23 200元,开户银行对账单余额为28 400元。经逐笔核对,发现有下列未达账项:

(1)企业送存银行转账支票一张,金额1 000元,银行尚未入账。

(2)银行支付到期货款6 000元,企业尚未入账。

(3)银行收到外单位汇来货款4 800元,企业尚未入账。

(4)企业开出转账支票一张,金额2 000元,持票人尚未到银行办理转账手续。

要求

根据上列资料编制"银行存款余额调节表"。

银行存款余额调节表

年　月　日

项　目	金　额/元	项　目	金　额/元
企业银行存款日记账		银行对账单余额	
加:		加:	
减		减:	
调节后的存款余额		调节后的存款余额	

(二)资料

200×年6月14日,管理人员王某出差借支差旅费2 000元,会计人员在编制记账凭证时编制现金付款凭证,会计分录为:

借:管理费用　　　　2 000

　　贷:现金　　　　　　2 000

记账人员已根据上述凭证入账,试更正上述错误。

(三)资料

某企业20××年10月31日有关账户的期末余额如下:

账户名称	余　额/元	
	借　方	贷　方
库存现金	6 000	
银行存款	130 000	

续 表

账户名称	余额/元	
	借方	贷方
应收账款	84 000	
坏账准备		4 000
固定资产	2 800 000	
累计折旧		300 000
生产成本	370 000	
原材料	200 000	
库存商品	190 000	
本年利润		200 000
利润分配	120 600	

要求

根据上述资料计算资产负债表中下列项目的填列金额。

货币资金＝

应收账款＝

存货＝

固定资产＝

未分配利润＝

基础会计综合测试题二

一、单项选择题

1. 企业定期编制财务报告所依据的会计假设是（　　）。

A. 会计主体　　B. 会计分期

C. 持续经营　　D. 货币计量

2. 期末结账后，费用类账户的余额（　　）。

A. 等于零　　B. 一定在借方

C. 一定在贷方　　D. 有时在借方，有时在贷方

3. 资产负债表中“货币资金”项目填列的依据是（　　）。

A. “库存现金”账户期末余额

B. “银行存款”账户期末余额

C. “其他货币资金”账户期末余额

D. “库存现金”“银行存款”“其他货币资金”账户期末余额之和

4. 按原始凭证填制手续的不同分类，限额领料单属于（　　）。

A. 一次凭证　　B. 累计凭证

C. 记账编制凭证　　D. 汇总原始凭证

5. 记账后发现记账凭证中会计科目、记账方向正确，但所记金额大于应记金额，更正此错误应采用（　　）。

A. 划线更正法　　B. 红字更正法

C. 补充登记法　　D. 蓝字更正法

6. 在下列账户的明细分类账中，宜采用借方多栏式的是（　　）。

A. “原材料”　　B. “库存商品”

C. “管理费用”　　D. “主营业务收入”

7. 汇总转账凭证上的账户对应关系是（　　）。

A. 一个借方账户与几个贷方账户相对应

B. 两个借方账户与几个贷方账户相对应

C. 一个贷方账户与一个或几个借方账户相对应

D. 两个贷方账户与一个或几个借方账户相对应

8. 期末进行账项调整的会计基础是(　　)。

A. 收付实现制　　B. 权责发生制

C. 永续盘存制　　D. 实地盘存制

9. 按财产清查的范围和时间分类，更换出纳员时对库存现金的清查属于(　　)。

A. 全面清查和定期清查　　B. 局部清查和定期清查

C. 全面清查和不定期清查　　D. 局部清查和不定期清查

10. “预收账款”账户的期初贷方余额为 200 000 元，本期借方发生额为 100 000元，本期贷方发生额为 50 000 元。该账户期末余额为(　　)。

A. 50 000 元　　B. 100 000 元

C. 150 000 元　　D. 250 000 元

二、多项选择题

1. 在下列各项中，组成财务报表的有(　　)。

A. 利润表　　B. 资产负债表

C. 现金流量表　　D. 财务报表附注

E. 所有者权益变动表

2. 在下列账户中，属于损益类账户的有(　　)。

A. “销售费用”　　B. “财务费用”

C. “主营业务收入”　　D. “主营业务成本”

E. “营业税金及附加”

3. 按填制方式不同，记账凭证可分为(　　)。

A. 复式记账凭证　　B. 单式记账凭证

C. 汇总记账凭证　　D. 非汇总记账凭证

E. 专用记账凭证

4. 财产清查时，盘点实物财产的方法有(　　)。

A. 实地盘点法　　B. 收付实现制

C. 权责发生制　　D. 技术推算法

E. 永续盘存制

5. 在下列账户中，属于负债类账户的有(　　)。

A. “应收票据”　　B. “预付账款”

C. “应付账款”　　D. “预收账款”

E. “累计折旧”

6. 按外表形式分类，账簿可分为(　　)。

A. 订本式账簿　　B. 序时账簿
C. 活页式账簿　　D. 分类账簿
E. 卡片式账簿

7. 银行存款日记账的登记依据有(　　)。
A. 转账凭证　　B. 现金付款凭证
C. 现金收款凭证　　D. 银行存款付款凭证
E. 银行存款收款凭证

8. 在借贷记账法下,账户贷方登记的内容有(　　)。
A. 收入增加额　　B. 负债减少额
C. 资产减少额　　D. 费用减少额
E. 所有者权益增加额

9. 在下列经济业务中,会引起会计基本等式两边同时发生变动的有(　　)。
A. 赊购原材料　　B. 提取盈余公积
C. 从银行提取现金　　D. 计提生产设备折旧
E. 用银行存款偿还前欠货款

10. 下列属于记账凭证审核内容的有(　　)。
A. 登记账簿是否及时　　B. 凭证编号是否连续
C. 会计科目的使用是否正确　　D. 是否附有原始凭证
E. 所附原始凭证张数是否正确

三、判断题

1. 车间领用一般性消耗的原材料,会计处理应增加管理费用。　(　　)

2. 本月应负担的短期借款利息未予计提,会使当月利润虚增而月末负债减少。　(　　)

3. 会计的基本职能是以货币为计量形式对经济活动进行核算和监督。　(　　)

4. 在借贷记账法中,“借”“贷”作为记账符号已经失去了原来字面的含义,因此对于所有的账户来说,“借”表示增加,“贷”表示减少。　(　　)

5. 任何一笔会计分录,都必须同时具备应记账户名称、记账方向和金额三项基本内容。　(　　)

6. 试算不平衡,说明记账肯定有差错。　(　　)

7. 管理费用的发生额,直接关系到当月产品成本的高低和利润总额的大小。　(　　)

8. 转账凭证不能反映现金、银行存款的增减变动。 （ ）

9. 外购材料的单位采购成本就是供货单位发票上的单价。 （ ）

10. 在借贷记账法中，只要借、贷金额相等，账户记录就不会有错误。 （ ）

四、业务题

（一）资料

2009 年 6 月份通达公司发生部分经济业务如下（不考虑增值税）：

（1）上月已付款的在途材料 150 000 元验收入库，结转其采购成本。

（2）用银行存款交纳上月应交的营业税 15 000 元。

（3）收到前欠货款 100 500 元。

（4）预收货款 60 000 元，存入银行。

（5）生产产品领用原材料 12 000 元。

（6）接受投资者投入设备一台，公允价值 250 000 元。

（7）用银行存款支付广告费 50 000 元。

（8）计提本月固定资产折旧 11 000 元，其中：生产车间 8 000 元，行政管理部门 3 000 元。

（9）月末结转主营业务收入 600 000 元、营业外收入 1 000 元。

（10）月末结转各项费用支出 479 000 元，其中：主营业务成本 250 000 元，营业税金及附加 3 000 元，销售费用 50 000 元，管理费用 100 000 元，财务费用 40 000 元，营业外支出 6 000 元，所得税费用 30 000 元。

要求

根据上述经济业务编制会计分录（只要求写出总账科目）。

（二）资料

2009 年 6 月份红雨公司发生部分经济业务如下：

（1）接受投资 25 000 元，存入银行。

（2）用银行存款偿还应付账款 3 000 元。

（3）从银行提取现金 15 000 元准备发放工资。

（4）用银行存款归还短期借款 10 000 元。

（5）购入原材料 6 600 元，货款未付。

要求

根据上述资料，将正确结果填入试算平衡表中的括号内。

试算平衡表

2009 年 6 月 30 日　　　　单位:元

账户	期初余额		本期发生额		期末余额	
	借方	贷方	借方	贷方	借方	贷方
库存现金	5 000				(　　)	
银行存款	55 000				(　　)	
原材料	35 000				(　　)	
固定资产	192 000				192 000	
短期借款		46 000				(　　)
应付账款		16 800				(　　)
实收资本		80 000				(　　)
盈余公积		144 200				144 200
合计	287 000	287 000	(　　)	(　　)	(　　)	(　　)

(三)资料

京诚公司 2009 年 12 月 1 日“原材料”账户余额为 540 000 元,其中:甲材料 360 000 元,乙材料 180 000 元。

12 月份发生部分经济业务如下(不考虑增值税):

(1)采购甲材料一批,买价 200 000 元,运费 2 000 元,货款和运费已通过银行付讫,材料尚未运达。

(2)购进甲材料一批,价款 5 000 元,已验收入库,款项尚未支付。

(3)发出原材料 15 000 元,其中:甲材料 5 000 元用于生产产品;乙材料 10 000 元用于车间一般消耗。

(4)月末盘点甲、乙材料的实存金额分别为 363 000 元、168 000 元。

要求

(1)根据上述(1),(2),(3)笔经济业务分别编制会计分录。

(2)填制“原材料实存账存对比表”。

原材料实存账存对比表

单位名称:京诚公司　　　　2009 年 12 月 31 日

名称	计量单位	单价	实存		账存		对比结果			
							盘盈		盘亏	
			数量	金额	数量	金额	数量	金额	数量	金额
甲	千克	略	略		略		略		略	
乙	千克	略	略		略		略		略	
金额合计				略		略		略		略

单位负责人签章:×××　　　　填表人签章:×××

基础会计综合测试题三

一、单项选择题

1. 会计的基本职能是(　　)。

A. 反映和核算　　B. 预测和核算

C. 监督和分析　　D. 核算和监督

2. 在下列引起资产和负债同时增加的经济业务是(　　)。

A. 用银行存款购买电脑一台　　B. 以现金支付前欠货款

C. 收回应收账款存入银行　　D. 购买材料一批，货款尚未支付

3. 下列等式中，(　　)是会计恒等式。

A. 资产＝权益

B. 资产＝债权人权益＋业主权益＋利润

C 资产＝负债＋所有者权益

D. 资产＝负债＋所有者权益＋收入

4. 把账户分为借贷两方，哪一方记增加数，哪一方记减少数，要根据(　　)。

A. 记账规则　　B. 记账形式

C. 核算方法　　D. 账户反映的经济内容

5. 外购原材料一批，发票注明的买价为 50 000 元，增值税额为 8 500 元，入库前发生的挑选整理费用为 1 000 元。则该批原材料的实际采购成本为(　　)。

A. 50 000 元　　B. 58 500 元

C. 51 000 元　　D. 59 500 元

6. 车间使用的固定资产提取折旧费时，应借记(　　)账户，贷记“累计折旧”账户。

A. “制造费用”　　B. “管理费用”

C. “销售费用”　　D. “待摊费用”

7. 确立会计核算空间范围所依据的会计基本假设是(　　)。

A. 会计主体　　B. 会计分期

C. 持续经营　　　　D. 货币计量

8. 在采用专用记账凭证的情况下，现金与银行存款之间收付，只编制(　　)。

A. 收款凭证　　　　B. 付款凭证

C. 转账凭证　　　　D. 通用记账凭证

9. 为了使总分类账与其所属的明细账之间能起到统驭、控制与辅助、补充的作用，便于账户核对，确保核算资料的正确、完整，必须采取的方法是(　　)。

A. 补充登记　　　　B. 平行登记

C. 定期登记　　　　D. 红字登记

10. 对于银行已经入账而本单位尚未入账的未达账项，企业应该(　　)。

A. 根据银行对账单调整存款余额

B. 立即入账

C. 记入月末银行存款日记账　　　　D. 等结算凭证到达后入账

11. 当存货发生损耗时，在批准处理前应记入(　　)账户。

A. 营业外支出　　　　B. 其他应收款

C. 管理费用　　　　D. 待处理财产损溢

12. 为了具体反映利润表的形成情况，我国利润表的结构一般采用(　　)结构。

A. 单步式　　　　B. 三步式

C. 多步式　　　　D. "丁"字形

13. 各种会计核算程序的主要区别是(　　)。

A. 填制会计凭证的依据和方法不同

B. 登记总账的依据和方法不同

C. 编制会计报表的依据和方法不同

D. 登记明细账的依据和方法不同

14. 现金日记账和银行存款日记账应采用(　　)。

A. 订本式　　　　B. 活页式

C. 三栏式　　　　D. 卡片式

15. 对库存现金进行清查时，一般采取(　　)。

A. 账面清查　　　　B. 实地盘点

C. 账账核对　　　　D. 账证核对

二、多项选择题

1. 在下列账簿中，属于特种日记账的有（　　）。

A. 现金日记账　　B. 银行存款日记账
C. 购货日记账　　D. 销货日记账

2. 下列属于企业资产项目的是（　　）。

A. 预付账款　　B. 在产品
C. 预收账款　　D. 租入包装物暂付的押金

3. 生产过程中耗用的原材料，会计核算时可记入的账户是（　　）。

A. 制造费用　　B. 生产成本
C. 管理费用　　D. 主营业务成本

4. 当采用借贷记账法时，账户的借方一般用来登记（　　）。

A. 资产的增加　　B. 收入的减少
C. 费用的增加　　D. 负债的增加

5. 会计核算方法包括（　　）。

A. 成本计算和财产清查　　B. 设置会计科目和复式记账
C. 填制和审核会计凭证　　D. 登记账簿和编制会计报表

6. 期间费用包括管理费用和（　　）。

A. 直接费用　　B. 间接费用
C. 财务费用　　D. 销售费用

7. 对账的内容包括（　　）。

A. 账证核对　　B. 账账核对
C. 账表核对　　D. 账实核对

8. “待处理财产损溢”账户的借方可以登记（　　）。

A. 经批准转销的财产盘盈、盘亏　　B. 待批准转销的财产盘盈、盘亏
C. 待批准处理的财产盘亏、毁损　　D. 经批准转销的财产盘盈

9. 资产负债表分为左、右两方，右方是（　　）项目。

A. 资产　　B. 负债
C. 所有者权益　　D. 利润

10. 在下列各账户中，期末一般无余额的有（　　）。

A. 所得税　　B. 累计折旧
C. 主营业务收入　　D. 长期借款

三、判断题

1. 经济业务发生后，若引起某个资产项目的金额增加，必定引起某个负债

项目或所有者权益项目的金额等额增加。（ ）

2.“应付账款”账户的本期贷方发生额合计不一定大于本期借方发生额合计，但该账户的期末余额必定在贷方。（ ）

3.编制科目汇总表，可以简化总账的登记工作，同时也便于了解经济业务的内容。（ ）

4.假定某厂当月投产的产品当月全部完工并销售，若某月生产设备漏提折旧，则既影响该月损益表中的利润总额，又影响该月末资产负债表中的资产总计。（ ）

5.任何一笔会计分录都必须同时具备记账符号、账户名称和应记金额三项要素。（ ）

6.在其他条件不变的情况下，本期发生的期间费用增加必定减少本期的利润。（ ）

7.采用“实地盘存制”的企业，对材料物资实地盘点的结果应编制实存账存对比表。（ ）

8.不论采用何种会计核算程序，总分类帐和明细分类账都应该平行登记，两者之间不能互为记账依据。（ ）

9.外购材料的单位采购成本就是供货单位发票上的单价。（ ）

10.在借贷记账法中，只要借、贷金额相等，账户记录就不会有错误。（ ）

四、业务题

(一)资料

某企业生产A，B两种产品。20××年8月份发生下列经济业务：

(1)8月6日生产A产品领用材料160 000元，生产B产品领用37 000元，车间、工厂行政管理部门分别领用2 600元、500元。

(2)8月30日工资分配如下：生产A产品工人工资为80 000元，生产B产品工人工资为20 000元，车间管理人员工资为5 500元，工厂行政管理人员工资为7 200元。

(3)8月30日计提车间固定资产折旧3 900元，工厂行政管理部门固定资产折旧1 200元。

(4)8月31日结算本月应付电费，其中A产品动力20 000元，B产品10 000元，车间3 000元，工厂行政部门1 000元。

(5)8月31日将本月归集的制造费用按A，B产品的生产工人工资比例分配。

(6)8 月 31 日 A 产品 1 000 件全部完工,结转其生产成本。

要求

根据上述业务编制会计分录,然后据以登记 A 产品的生产成本明细账。A 产品 8 月初在产品成本 7 500 元,各成本项目的金额分别为直接材料 4 000 元,直接人工 2 000 元,制造费用 500 元。

生产成本明细账

产品名称:A

20××年		摘要	成本项目				合计
月	日		直接材料	直接人工	动力	制造费用	

(二)资料

(1)以银行存款支付生产部门电费账单 1 942.20 元,其中增值税为 282.20元。

(2)计提本月份生产部门固定资产折旧费 9 000 元。

(3)本月应付生产部门管理人员工资 3 840 元。

(4)生产部门为修理领用材料 2 800 元。

(5)摊销以前预付的由生产部门负担的财产保险费 300 元。

(6)按产品生产工时比例分配制造费用。甲、乙、丙产品本月生产工时分别为 10 000,30 000 和 40 000。

要求

编制相关分录,编制制造费用分配表。

制造费用分配表

产品名称	分配标准（产品生产工时）	制造费用	
		分配率	分配额
甲			
乙			
丙			
合计			

参考答案

第一章

一、单项选择题

1.D　2.C　3.B　4.A　5.A

二、多项选择题

1.AD　2.ABC　3.AB　4.ABCD　5.ABCD

三、判断题

1.对　2.错　3.错　4.错　5.对

第二章

一、单项选择题

1.D　2.C　3.B　4.D　5.C

二、多项选择题

1.BCD　2.AB　3.BCD　4.ABC　5.ACD

三、判断题

1.对　2.错　3.对　4.对　5.错

四、业务题

(一)

项　目	金　额		
	资　产/元	负　债/元	所有者权益/元
(1)出纳处存放现金	3 000		
(2)应收购货单位货款	200 000		
(3)银行里的存款	240 000		
(4)仓库里存放的原材料	1 038 000		
(5)仓库里存放的产成品	388 000		

续表

项　目	金　额		
	资　产/元	负　债/元	所有者权益/元
(6)正在加工中的产品	91 000		
(7)应付供应单位货款		100 000	
(8)购入了三年期国库券一批	10 000 000		
(9)厂房	840 000		
(10)数控机床两台	1 000 000		
(11)一条生产线	4 000 000		
(12)向银行借入半年期的借款		1 000 000	
(13)预收某企业货款		1 500 000	
(14)向银行借入三年期的借款		1 200 000	
(15)所有者投入资本			14 000 000
合　　计	17 800 000	3 800 000	14 000 000

(二)

一级总账科目	二级科目	三级明细科目
原材料	主要材料	A 材料 B 材料
	辅助材料	润滑油 运输工具
应收账款	应收富丽公司货款 应收远大货款	
材料采购		
生产成本	基本生产成本	甲产品生产成本 乙产品生产成本
	辅助生产成本	
固定资产	生产用固定资产	厂房 机器设备

续 表

一级总账科目	二级科目	三级明细科目
库存商品	甲产成品 乙产成品	
短期借款	临时借款 周转借款	
应付账款	应付红星工厂货款 应付八达公司货款	
管理费用	办公费 业务招待费	

（三）

会计科目	资产类	负债类	所有者权益类	成本类	损益类
银行存款	√				
应收账款	√				
材料采购	√				
原材料	√				
制造费用				√	
应付账款		√			
应交税费		√			
生产成本				√	
库存商品	√				
主营业务收入					√
主营业务成本					√
长期借款		√			
固定资产	√				
累计折旧	√				
库存现金	√				
财务费用					√

续 表

会计科目	资产类	负债类	所有者权益类	成本类	损益类
无形资产	√				
实收资本			√		
管理费用					√
盈余公积			√		
销售费用					√
营业税金及附加					√
本年利润			√		
利润分配			√		

（四）

账户名称	期初余额/元	本期增加发生额/元	本期减少发生额/元	期末余额/元
原材料	4 800 000	16 002 000	992 000	19 810 000
银行存款	860 000	3 970 000	4 000 000	830 000
应付账款	400 000	520 000	320 000	600 000
长期借款	460 000	400 000	750 000	110 000

（五）

类　型	经济业务序号
一项资产增加，另一项资产减少	(1),(8),(13)
一项负债增加，另一项负债减少	
一项所有者权益增加，另一项所有者权益减少	(7)
一项资产增加，一项负债增加	(4),(6)
一项资产增加，一项所有者权益增加	(5)
一项资产减少，一项负债减少	(2),(9),(12),(14)
一项资产减少，一项所有者权益减少	(10)
一项负债减少，一项所有者权益增加	(11)
一项负债增加，一项所有者权益减少	(3)

(六)

资　产	期初数	本月增加数	本月减少数	月末余额	负债及所有者权益	期初数	本月增加数	本月减少数	月末余额
现金	2 000	2 000		4 000	负债:				
银行存款	26 000	1 084 000	452 000	658 000	短期借款	200 000	1 000 000		1 200 000
应收账款	28 000		24 000	4 000	应付账款	60 000	40 000	40 000	60 000
应收票据	5 000			5 000	应交税费	11 000		10 000	1 000
材料采购	20 000			20 000	负债合计				1 261 000
生产成本	280 000	90 000	8 000	362 000	所有者权益:				
原材料	100 000	40 000	90 000	50 000	实收资本	1 000 000	60 000		1 060 000
库存商品	150 000	8 000		158 000	盈余公积	100 000			100 000
固定资产	800 000	400 000		1 200 000	未分配利润	40 000			40 000
					所有者权益合计				1 200 000
总　计				2 461 000	总　计				2 461 000

(七)

(1)借:原材料　　20 000
　　应交税费——应缴增值税(进项税额)　　3 400
　贷:银行存款　　23 400

(2)借:生产成本——甲产品　　80 000
　贷:原材料　　80 000

(3)借:现金　　8 000
　贷:银行存款　　8 000

(4)借:固定资产　　200 000
　贷:银行存款　　200 000

(5)借:应付账款　　6 000
　贷:银行存款　　6 000

(6)借:生产成本——乙产品　　50 000
　贷:原材料　　50 000

(7)借:银行存款　　40 000
　　贷:实收资本　　40 000
(8)借:短期借款　　24 000
　　　应付账款　　8 000
　　贷:银行存款　　32 000
(9)借:银行存款　　6 000
　　贷:应收账款　　6 000
(10)借:现金　　800
　　　银行存款　　7 200
　　贷:应收账款　　8 000

总分类账户本期发生额对照表

会计科目	期初余额		本期发生额		期末余额	
	借方	贷方	借方	贷方	借方	贷方
现金	22 000		8 800		30 800	
银行存款	270 000		53 200	269 400	53 800	
应收账款	20 000			14 000	6 000	
生产成本	80 000		130 000		210 000	
原材料	250 000		20 000	130 000	140 000	
库存商品	48 000				48 000	
固定资产	1 500 000		200 000		1 700 000	
累计折旧		300 000				300 000
短期借款		120 000	24 000			96 000
应付账款		36 000	14 000			22 000
应交税费		4 000	3 400			600
实收资本		1 730 000		40 000		1 770 000
合　计	1 890 000	1 890 000	453 400	453 400	1 888 600	1 888 600

(八)

(1)借:应付账款——甲公司　　30 000
　　贷:银行存款　　30 000
(2)借:原材料——A 材料　　30 000

应交税费——应交增值税(进项税额)　5 100

贷:银行存款　35 100

(3)借:生产成本　130 000

贷:原材料——A 材料　60 000

——B 材料　20 000

——C 材料　50 000

(4)借:应付账款——乙公司　20 000

贷:银行存款　20 000

(5)借:原材料——B 材料　20 000

应交税费——应交增值税(进项税额)　3 400

贷:银行存款　23 400

总分类账户

账户名称:原材料　　单位:元

200×年		摘　要	借　方	贷　方	借或贷	余　额
月	日					
5	1	期初余额			借	400 000
	×	购入材料	30 000		借	430 000
	×	发出材料		130 000	借	300 000
	×	购入材料	20 000		借	320 000
	31	本期发生额及余额	50 000	130 000	借	320 000

"原材料"明细分类账户

材料名称:A 种材料　　单位:元

200×年		摘　要	计量单位	单价	收　入		发　出		余　额	
月	日				数量	金额	数量	金额	数量	金额
5	1	期初余额	千克	300					600	180 000
	×	购入材料	千克	300	100	30 000			700	210 000
	20	发出材料	千克	300			200	60 000	500	150 000
	31	发生额及余额	千克	300	100	30 000	200	60 000	500	150 000

“原材料”明细分类账户

材料名称:B种材料　　　　　　　　　　　　　　　　　　单位:元

200×年		摘　　要	计量单位	单价	收　入		发　出		余　额	
月	日				数量	金额	数量	金额	数量	金额
5	1	期初余额	千克	200					400	80 000
	×	发出材料	千克	200			100	20 000	200	60 000
	×	购入材料	千克	200	100	20 000			400	80 000
	31	发生额及余额	千克	200	100	20 000	100	20 000	400	80 000

“原材料”明细分类账户

材料名称:C种材料　　　　　　　　　　　　　　　　　　单位:元

200×年		摘　　要	计量单位	单价	收　入		发　出		余　额	
月	日				数量	金额	数量	金额	数量	金额
5	1	期初余额	千克	200					700	140 000
	×	发出材料	千克	200			250	50 000	450	90 000
	31	发生额及余额	千克	200			250	50 000	450	90 000

“应付账款”总分类账户

账户名称:应付账款　　　　　　　　　　　　　　　　　　单位:元

200×年		摘　　要	借　方	贷　方	借或贷	余　额
月	日					
5	1	期初余额			贷	100 000
	10	偿还货款	30 000		贷	70 000
	25	偿还材料	20 000		贷	50 000
	30	本期发生额及余额	50 000		贷	50 000

"应付账款"明细分类账户

单位名称：甲公司　　　　单位：元

200×年		摘　要	借　方	贷　方	借或贷	余　额
月	日					
5	1	期初余额			贷	550 000
	10	偿还货款	30 000		贷	250 000
	30	本期发生额及余额	30 000		贷	250 000

"应付账款"明细分类账户

单位名称：乙公司　　　　单位：元

200×年		摘　要	借　方	贷　方	借或贷	余　额
月	日					
5	1	期初余额			贷	450 000
	×	偿还货款	20 000		贷	250 000
	30	本期发生额及余额	20 000		贷	250 000

"原材料"明细分类账户本期发生额及余额表

200×年5月31日　　　　单位：元

材料名称	计量单位	单价	期初余额		本期发生额				期末余额	
					收入		发出			
			数量	金额	数量	金额	数量	金额	数量	金额
A种材料	千克	300	600	180 000	100	30 000	200	60 000	500	150 000
B种材料	千克	200	400	80 000	100	20 000	100	20 000	400	80 000
C种材料	千克	200	700	140 000			250	50 000	450	90 000
合　计				400 000		50 000		130 000		320 000

第三章

一、单项选择题

1. C　2. A　3. A　4. B　5. A　6. D　7. C　8. B　9. B　10. D

二、多项选择题

1. BD　2. ACD　3. BCD　4. AC　5. CD　6. AD　7. ABCD　8. BCD　9. AC　10. BC

三、判断题

1. 错　2. 错　3. 错　4. 错　5. 对　6. 错　7. 错　8. 错　9. 错　10. 错

四、业务题

(一)

(1)借:其他应收款——李俊	1 000	
贷:现金		1 000
(2)借:材料采购——甲材料	30 000	
——乙材料	24 000	
应交税费——应交增值税(进项税额)	9 180	
贷:应付票据		63 180
(3)借:材料采购——甲材料	449.90	
——乙材料	240.10	
贷:现金		240
银行存款		450
(4)借:原材料——甲材料	30 449.90	
——乙材料	24 240.10	
贷:材料采购——甲材料		30 449.90
——乙材料		24 240.10
(5)借:应付票据	63 180	
贷:银行存款		63 180
(6)借:材料采购——A材料	6 000	
——B材料	3 000	
应交税费——应交增值税(进项税额)	1 530	
贷:银行存款		10 530
(7)借:材料采购——A材料	480	
——B材料	200	
贷:现金		170
银行存款		510
(8)借:原材料——A材料	6 480	
——B材料	3 200	

贷:材料采购——A 材料 6 480

——B 材料 3 200

(二)

(1)借:生产成本——A 产品 6 075

——B 产品 4 860

贷:原材料——甲材料 5 535

——乙材料 5 400

(2)借:生产成本——A 产品 50 000

——B 产品 40 000

制造费用 20 000

管理费用 30 000

贷:应付职工薪酬——工资 140 000

(3)借:生产成本——A 产品 1 000

——B 产品 800

制造费用 400

管理费用 600

贷:应付职工薪酬——工会经费 2 800

(4)借:制造费用 6 000

管理费用 3 000

贷:累计折旧 9 000

(5)借:制造费用 1 200

贷:预提费用 1 200

(6)借:制造费用 1 400

贷:现金 1 400

(7)借:财务费用 1 600

贷:银行存款 1 600

(8)借:管理费用 1 800

贷:银行存款 1 800

(9)A 产品分配的制造费用额=(20 000+400+6 000+1 200+1 400)×50 000÷90 000=16 111.1(元)

B 产品分配的制造费用额=(20 000+400+6 000+1 200+1 400)×40 000÷90 000=12 888.9(元)

借:生产成本——A 产品 16 111.1

——B 产品 12 888.9

贷:制造费用 29 000

(10)借:库存商品——A 产品 72 186.1

——B 产品 57 748.9

贷:生产成本——A 产品 72 186.1

——B 产品 57 748.9

产品成本计算表

成本项目	A 产品		B 产品	
	总成本(100 件)/元	单位成本/元	总成本(80 件)/元	单位成本/元
直接材料	6 075	60.75	4 860	60.75
直接人工	51 000	510	40 800	510
制造费用	16 111.1	161.11	12 888.9	161.11
产品生产成本	72 186.1	721.86	57 748.9	577.49

(三)

业务号	权责发生制		收付实现制	
	收入/元	费用/元	收入/元	费用/元
(1)	8 000		8 000	
(2)	12 000			
(3)				2 000
(4)			6 000	
(5)				9 000
(6)			10 000	
净收益	20 000		13 000	

(四)

(1)借:银行存款 35 100

贷:主营业务收入 30 000

应交税费——应交增值税(销项税额) 5 100

(2)借:应收账款 52 650

贷:主营业务收入 45 000

应交税费——应交增值税(销项税额) 7 650

(3)借:主营业务成本——A 产品 22 500

——B 产品 34 500

贷:库存商品——A 产品 22 500

——B 产品 34 500

(4)借:销售费用——运输费 800

——包装费 200

贷:银行存款 1 000

(5)借:销售费用 1 000

贷:银行存款 1 000

(6)借:营业税金及附加 4 500

贷:应交税费——应交消费税 4 500

(7)借:银行存款 1 404

贷:其他业务收入 1 200

应交税费——应交增值税(销项税额) 204

(8)借:其他业务成本 1 000

贷:原材料 1 000

销售利润=76 200－22 500－34 500－1 000－1 000－3 450－1 000=12 750(元)

(五)

(1)借:银行存款 117 000

贷:主营业务收入 100 000

应交税费——应交增值税(销项税额) 17 000

(2)借:主营业务成本 60 000

贷:库存商品 60 000

(3)借:营业税金及附加 5 000

贷:应交税费——应交消费税 5 000

(4)借:销售费用——运杂费、包装费 500

贷:现金 500

(5)借:管理费用 300

贷:银行存款 300

(6)借:财务费用 700

预提费用　　1 000
贷:银行存款　　1 700
(7)借:营业外支出　　500
贷:银行存款　　500
(8)借:银行存款　　1 000
贷:营业外收入　　1 000
(9)借:主营业务收入　　100 000
其他业务收入　　1 000
营业外收入　　1 000
贷:本年利润　　102 000
(10)借:本年利润　　66 700
贷:主营业务成本　　60 000
营业税金及附加　　5 000
销售费用　　500
财务费用　　700
营业外支出　　500

确定和分配利润:

本年利润=102 000－66 700=35 300(元)

应交企业所得税=35 300×25%=8 825(元)

(11)借:所得税费用　　8 825
贷:应交税费——应交企业所得税　　8 825
净利润=35 300－8 825=26 475(元)
(12)借:利润分配——提取盈余公积　　2 648
贷:盈余公积——法定盈余公积　　2 648
借:利润分配——应付投资者股利　　2 648
贷:应付股利　　2 648
(13)借:本年利润　　8 825
贷:所得税费用　　8 825
(14)借:本年利润　　35 300
贷:利润分配——未分配利润　　35 300
(15)借:利润分配——未分配利润　　5 296
贷:利润分配——提取盈余公积　　2 648
——应付投资者股利　　2 648

（六）

(1)借:固定资产　300 000
　贷:累计折旧　50 000
　　实收资本　250 000
(2)借:银行存款　500 000
　贷:实收资本　500 000
(3)借:银行存款　50 000
　贷:短期借款　50 000
(4)借:银行存款　500 000
　贷:长期借款　500 000
(5)借:固定资产清理　120 000
　　累计折旧　30 000
　贷:固定资产　150 000
(6)借:短期借款　50 000
　贷:银行存款　50 000
(7)借:应付账款　3 000
　贷:银行存款　3 000

（七）

(1)借:银行存款　500 000
　贷:短期借款　500 000
(2)借:制造费用　1 800
　　　现金　200
　贷:其他应收款　2 000
(3)借:原材料——甲材料　10 500
　　应交税费——应交增值税(销项税额)　1 700
　贷:应付账款　11 700
　　现金　500
(4)借:应收账款　117 000
　贷:主营业务收入　100 000
　　应交税费——应交增值税(销项税额)　17 000
(5)借:生产成本——A 产品　20 000
　　　　——B 产品　12 000
　贷:原材料——甲材料　20 000
　　　　——乙材料　12 000

(6)借:制造费用	500	
贷:银行存款		500
(7)借:应付账款	11 700	
贷:银行存款		11 700
(8)借:银行存款	117 000	
贷:应收账款——八达公司		117 000
(9)借:应收票据——万事达公司	35 100	
贷:主营业务收入		30 000
应交税费——应交增值税(销项税额)		5 100
(10)借:生产成本——A 产品	12 000	
——B 产品	8 000	
制造费用	4 000	
管理费用	6 000	
贷:应付职工薪酬		30 000
(11)借:应付职工薪酬	30 000	
贷:银行存款		30 000
(12)借:制造费用	1 200	
管理费用	600	
贷:银行存款		1 800
(13)借:制造费用	1 000	
管理费用	600	
贷:累计折旧		1 600
(14)借:生产成本——A 产品	5 100	
——B 产品	3 400	
贷:制造费用		8 500
(15)借:库存商品——A 产品	37 100	
——B 产品	23 400	
贷:生产成本——A 产品		37 100
——B 产品		23 400
(16)借:银行存款	1 000	
贷:财务费用		1 000
(17)借:长期借款	200 000	
贷:银行存款		200 000

(18)借:主营业务成本——A 产品　8 000
——B 产品　20 000
贷:库存商品——A 产品　8 000
——B 产品　20 000

(19)借:主营业务收入　130 000
财务费用　1 000
贷:本年利润　131 000

(20)借:本年利润　35 200
贷:主营业务成本　28 000
管理费用　7 200

本年营业利润=131 000－35 200+62 000=157 800(元)

应交企业所得税额=157 800×25%=39 450(元)

(21)借:所得税费用　39 450
贷:应交税费——应交企业所得税　39 450

(22)借:利润分配——提取盈余公积　9 000
贷:盈余公积——法定盈余公积　9 000
借:利润分配——应付投资者股利　70 000
贷:应付股利　70 000

(23)借:本年利润　39 450
贷:所得税费用　39 450

(24)借:本年利润　118 350
贷:利润分配——未分配利润　118 350

(25)借:利润分配——未分配利润　79 000
贷:利润分配——提取盈余公积　9 000
——应付投资者股利　70 000

第四章

一、单项选择题

1. D　2. A　3. D　4. D　5. D

二、多项选择题

1. BD　2. CD　3. AD　4. ABCD　5. ACD

三、判断题

1. 错　2. 错　3. 对　4. 对　5. 错

第五章

一、单项选择题

1. C　2. D　3. B　4. A　5. B

二、多项选择题

1. ABCDE　2. ABCD　3. ABCE　4. CD　5. ABCDE

三、判断题

1. 错　2. 错　3. 错　4. 错　5. 对

四、业务题

略，参考第六章。

第六章

一、单项选择题

1. D　2. B　3. B　4. B　5. A

二、多项选择题

1. ABC　2. ABD　3. AE　4. ABD　5. ACDE

三、判断题

1. 错　2. 错　3. 对　4. 对　5. 错

四、业务题

(一)

(1)

收　款　凭　证

借方科目：银行存款　　　　2006 年月 1 月 6 日　　　　银收字第 1 号

摘　要	贷方科目		记账	金　额								
	一级科目	明细科目		百	十	万	千	百	十	元	角	分
从银行取得短期借款	短期借款				3	0	0	0	0	0	0	0
合　计				¥	3	0	0	0	0	0	0	0

附件　张

会计主管：　　复核：　　记账：　　出纳：　　制单：

（2）

付 款 凭 证

贷方科目：银行存款　　　　2006年月1月9日　　　　银付字第1号

摘　　要	借方科目		记账	金　　额								
	一级科目	明细科目		百	十	万	千	百	十	元	角	分
支付购买材料款	材料采购				2	0	0	0	0	0	0	0
	应交税金	增值税				3	4	0	0	0	0	0
合　　　计				¥	2	3	4	0	0	0	0	0

附件　　张

会计主管：　　　复核：　　　记账：　　　出纳：　　　制单：

（3）

收 款 凭 证

借方科目：银行存款　　　　2006年月1月10日　　　　银收字第2号

摘　　要	贷方科目		记账	金　　额								
	一级科目	明细科目		百	十	万	千	百	十	元	角	分
投资者投入资金存入银行	实收资本				5	0	0	0	0	0	0	
合　　　计				¥	5	0	0	0	0	0	0	0

附件　　张

会计主管：　　　复核：　　　记账：　　　出纳：　　　制单：

(4)

付　款　凭　证

贷方科目:银行存款　　　　2006 年月 1 月 13 日　　　　银付字第 2 号

摘　要	借方科目		记账	金　额								
	一级科目	明细科目		百	十	万	千	百	十	元	角	分
从银行提取现金备发工资	现金					8	0	0	0	0	0	0
合　计					¥	8	0	0	0	0	0	0

附件　张

会计主管:　　复核:　　记账:　　出纳:　　制单:

(5)

付　款　凭　证

贷方科目:现金　　　　2006 年月 1 月 14 日　　　　现付字第 1 号

摘　要	借方科目		记账	金　额								
	一级科目	明细科目		百	十	万	千	百	十	元	角	分
多余现金存入银行							9	0	0	0	0	0
合　计						¥	9	0	0	0	0	0

附件　张

会计主管:　　复核:　　记账:　　出纳:　　制单:

（6）

收　款　凭　证

借方科目:银行存款　　　　2006 年月 1 月 17 日　　　　银收字第 3 号

摘　要	贷方科目		记账	金　额								
	一级科目	明细科目		百	十	万	千	百	十	元	角	分
收回上月锁货款	应收账款					4	8	0	0	0	0	0
合　计					¥	4	8	0	0	0	0	0

附件　张

会计主管：　　　复核：　　　记账：　　　出纳：　　　制单：

（7）

付　款　凭　证

贷方科目:银行存款　　　　2006 年月 1 月 9 日　　　　银付字第 3 号

摘　要	借方科目		记账	金　额								
	一级科目	明细科目		百	十	万	千	百	十	元	角	分
预付购买材料款	预付账款					3	0	0	0	0	0	0
合　计					¥	3	0	0	0	0	0	0

附件　张

会计主管：　　　复核：　　　记账：　　　出纳：　　　制单：

银行存款日记账

2006年		凭证		摘要	现金支票号数	转账支票号数	对方科目	收入	支出	余额
月	日	种类	编号							
1	1			上年结余						200 000
	6	银收	1	取得短期借款			短期借款	300 000		500 000
	9	银付	2	支付购料款			材料采购		200 000	300 000
							应交税金		34 000	266 000
	10	银收	1	投资者投入资金			实收资本	500 000		766 000
	13	银付	3	从银行提现备发工资			现金		80 000	686 000
	14	现付	1	多余现金存入银行			现金	9 000		695 000
	17	银收	2	收回上月销货款			应收账款	48 000		743 000
	29	银付	1	预付材料款			预付账款		30 000	713 000
	31			本月合计				857 000	344 000	713 000

(二)

(1)借:银行存款　　50 000
　　贷:应收账款　　50 000　(银收1)
(2)借:现金　　30 000
　　贷:银行存款　　30 000　(银付1)
(3)借:材料采购——甲材料　　20 000
　　　　　　　——乙材料　　2 000
　　应交税费——应交增值税(进项税额)　　3 740
　　贷:银行存款　　25 740　(银付2)
(4)借:生产成本　　1 600
　　贷:原材料——甲材料　　1 600　(转字1)
(5)借:预付账款　　5 000
　　贷:银行存款　　5 000　(银付3)
(6)借:原材料——甲材料　　20 000
　　　　　　——乙材料　　2 000
　　贷:材料采购——甲材料　　20 000

——乙材料 2 000 （转字 2）

(7)借：营业外支出 500

贷：银行存款 500 （银付 4）

(8)借：应收账款 50 800

贷：主营业务收入 50 000

现金 800 （记账凭证 1）

(9)借：其他业务成本 800

贷：原材料——乙材料 800 （转字 3）

(10)借：销售费用 10 000

贷：银行存款 10 000 （银付 5）

(11)借：在建工程 58 500

贷：银行存款 58 500 （银付 6）

(12)借：在建工程 1 500

贷：银行存款 1 500 （银付 7）

(13)借：在建工程 3 000

贷：应付职工薪酬 3 000 （转字 4）

(14)借：固定资产 50 000

贷：实收资本 50 000 （转字 5）

(15)借：固定资产 63 000

贷：在建工程 63 000 （转字 6）

总分类账

账户名称：原材料　　第　页

200×年		凭证		摘　要	借方金额	贷方金额	借或贷	余额
月	日	种类	编号					
6	1			期初余额			借	19 200
	5	转字	1	生产领用材料		16 000	借	3 200
	7	转字	2	购入材料验收入库	22 000		借	25 200
	15	转字	3	销售材料		800	借	24 400
	30			本月发生额及余额	22 000	16 800	借	24 400

原材料明细分类账

名称及规格：甲材料　　　　第　页

200×年		凭证		摘要	收入			发出			结存		
月	日	字	号		数量	单价	金额	数量	单价	金额	数量	单价	金额
6	1			月初结存							900	20	18 000
	5	转	1	生产领用材料				800	20	16 000	100	20	2 000
	7	转	2	购料验收入库	1 000	20	20 000				1 100	20	22 000
	30			本月合计	1 000	20	20 000	800	20	16 000	1 100	20	22 000

原材料明细分类账

名称及规格：乙材料　　　　第　页

200×年		凭证		摘要	收入			发出			结存		
月	日	字	号		数量	单价	金额	数量	单价	金额	数量	单价	金额
6	1			月初结存							300	4	1 200
	7	转	2	购料验收入库	500	4	2 000				800	4	3 200
	15	转	3	销售材料				200	20	4 000	600	4	2 400
	31			本月合计	300	4	1 200	200	20	4 000	600	4	2 400

（三）

(1)红字更正法。

借：财务费用　　　　1 000（红字）

　贷：现金　　　　1 000（红字）

借：管理费用　　　　1 000

　贷：现金　　　　1 000

并在相应账户中进行登记。

(2)补充登记法。

借：管理费用　　　　5 400

　贷：银行存款　　　　5 400

(3)划线更正法。

在“库存商品”“生产成本”账户中，将 65 000 用红字划去；再用蓝字写上正确的数字 56 000 并加盖记账人员名章。

(4)划线更正法。

在“银行存款”“应付账款”账户中，将 21 000 用红字划去；再用蓝字写上正确的数字 12 000 并加盖记账人员名章。

(5)划线更正法。

在“管理费用”“累计折旧”账户中，将 6 400 用红字划去；再用蓝字写上正确的数字 4 600 并加盖记账人员名章。

(6)红字更正法。

借:本年利润　　500 000

　贷:主营业务收入　　500 000

借:主营业务收入　　520 000

　贷:本年利润　　520 000

并在相应账户中进行登记。

(7)补充登记法。

借:应付账款　　2 000

　贷:银行存款　　2 000

并在相应账户中进行登记。

第七章

一、单项选择题

1. A　2. C　3. D　4. C　5. A

二、多项选择题

1. AB　2. ABCD　3. ABCD　4. ABD　5. ABD

三、判断题

1. 对　2. 错　3. 对　4. 错　5. 错

四、业务题

(一)

(1)借:材料采购——A 材料　　20 000

　　应交税费——应交增值税(进项税额)　　3 400

　　贷:银行存款　　23 400　(银付 1)

　借:原材料——A 材料　　20 000

　　贷:材料采购——A 材料　　20 000　(转字 1)

(2)借:银行存款　　269 100

贷:主营业务收入——甲产品 80 000
——乙产品 150 000
应交税金——应交增值税(销项税额) 39 100 (银收 1)
(3)借:材料采购——B 80 000
应交税金—应交增值税(进项税额) 13 600
贷:银行存款 93 600 (银付 2)
借:原材料——B 材料 80 000
贷:材料采购——B 材料 80 000 (转字 2)
(4)借:生产成本——甲产品 40 000
——乙产品 64 000
制造费用 17 000
管理费用 9 000
贷:原材料——A 材料 30 000
——B 材料 100 000 (转字 3)
(5)借:生产成本——甲产品 20 000
——乙产品 30 000
制造费用 4 000
管理费用 6 000
贷:应付职工薪酬——工资 60 000 (转字 4)
借:生产成本——甲产品 2 800
——乙产品 4 200
制造费用 560
管理费用 840
贷:应付职工薪酬——职工福利费 8 400 (转字 5)
(6)借:库存现金 60 000
贷:银行存款 60 000 (银付 3)
(7)借:应付职工薪酬——工资 60 000
贷:库存现金 60 000 (现付 1)
(8)借:应收账款——胜利工厂 23 400
贷:主营业务收入——甲产品 20 000
应交税费——应交增值税(销项税额) 3 400 (转字 6)
(9)借:销售费用 200
贷:库存现金 200 (现付 2)

(10)借:生产成本——甲产品　　3 000
　　生产成本——乙产品　　5 000
　　制造费用　　4 000
　　管理费用　　1 500
　贷:银行存款　　13 500　(银付 4)

(11)借:应收账款——利民工厂　　58 500
　贷:主营业务收入——乙产品　　50 000
　　应交税费——应交增值税(销项税额)　　8 500　(转字 7)

(12)借:管理费用　　1 060
　贷:银行存款　　1 060　(银付 5)

(13)借:银行存款　　61 500
　贷:应收账款——利民工厂　　61 500　(银收 2)

(14)借:销售费用　　1 300
　贷:银行存款　　1 300　(银付 6)

(15)借:制造费用　　440
　贷:库存现金　　440　(现付 3)

(16)借:管理费用　　3 600
　贷:银行存款　　3 600　(银付 7)

(17)借:银行存款　　50 000
　贷:短期借款　　50 000　(银收 3)

(18)借:制造费用　　6 000
　　管理费用　　2 000
　贷:累计折旧　　8 000　(转字 8)

(19)借:生产成本——甲产品　　14 200
　生产成本——乙产品　　17 800
　贷:制造费用　　32 000　(转字 9)

(20)借:库存商品——甲产品　　80 500
　　库存商品——乙产品　　120 000
　贷:生产成本——甲产品　　80 500
　　生产成本——乙产品　　120 000　(转字 10)

(21)借:主营业务成本——甲产品　　57 500
　　主营业务成本——乙产品　　120 000
　贷:库存商品——甲产品　　57 500

库存商品——乙产品　120 000　(转字 11)

(22)借:主营业务收入　300 000

贷:本年利润　300 000　(转字 12)

借:本年利润　203 000

贷:管理费用　24 000

销售费用　1 500

主营业务成本　177 500　(转字 13)

(23)借:所得税费用　24 250

贷:应交税费——应交企业所得税　24 250　(转字 14)

借:本年利润　24 250

贷:所得税费用　24 250　(转字 15)

(24)借:利润分配　7 275

贷:盈余公积——提取盈余公积　7 275　(转字 16)

(25)借:应交税费　56 000

贷:银行存款　56 000　(银付 8)

总分类账

账户名称:银行存款

200×年		凭证		摘　要	借方	贷方	借或贷	余额
月	日	字	号					
6	1			期初余额			借	106 000
	4	银付	1	支付材料款		23 400	借	82 600
	5	银收	1	销售产品	269 100		借	351 700
	6	银付	2	支付材料款		93 600	借	258 100
	14	银付	3	提现发工资		60 000	借	198 100
	18	银付	4	支付水电费		13 500	借	184 600
	20	银付	5	支付办公费		1 060	借	183 540
	21	银收	2	收到利民前欠货款	61 500		借	245 040
	22	银付	6	支付销售产品广告费		1 300	借	243 740
	24	银付	7	支付报刊杂志费		3 600	借	240 140
	25	银收	3	取得短期借款	50 000		借	290 140
	30	银付	8	支付税金		56 000	借	234 140
				本月合计	380 600	252 460	借	234 140

总分类账

账户名称:库存现金

200×年		凭证		摘　要	借方	贷方	借或贷	余额
月	日	字	号					
6	1			期初余额			借	1 000
	14	银付	3	提现备发工资	60 000		借	61 000
	15	现付	1	发放工资		60 000	借	1 000
	17	现付	2	支付销售运杂费		200	借	800
	23	现付	3	支付设备零星修理费		440	借	360
				本月合计	60 000	60 640	借	360

总分类账

账户名称:应收账款

200×年		凭证		摘　要	借方	贷方	借或贷	余额
月	日	字	号					
6	1			期初余额			借	2 000
	16	转字	6	销售产品货款未收	23 400		借	25 400
	19	转字	7	销售产品货款未收	58 500		借	83 900
	21	银收	2	收利民工厂货款		61 500	借	22 400
				本月合计	81 900	61 500	借	22 400

总分类账

账户名称:原材料

200×年		凭证		摘　要	借方	贷方	借或贷	余额
月	日	字	号					
6	1	转字	1	期初余额			借	44 000
	4	转字	2	材料入库	20 000		借	64 000
	6	转字	3	材料入库	80 000		借	144 000
	10			生产领用材料		130 000	借	14 000
				本月合计	100 000	130 000	借	14 000

总分类账

账户名称:库存商品

200×年		凭证		摘　　要	借方	贷方	借或贷	余额
月	日	字	号					
6	1			期初余额			借	10 000
	30	转字	10	产品完工入库	200 500		借	210 500
	30	转字	11	结转已销产品成本		177 500	借	33 000
				本月合计	200 500	177 500	借	33 000

总分类账

账户名称:制造费用

200×年		凭证		摘　　要	借方	贷方	借或贷	余额
月	日	字	号					
6	10	转字	3	车间耗料	17 000		借	17 000
	13	转字	4	车间管理人员工资	4 000		借	21 000
	13	转字	5	车间人员福利费	560		借	21 560
	18	银付	4	车间耗用水电费	4 000		借	25 560
	23	现付	3	设备零星修理费	440		借	26 000
	30	转字	8	车间折旧费	6 000		借	32 000
	30	转字	9	分配制造费用		32 000	平	
				本月合计	32 000	32 000	平	

总分类账

账户名称:固定资产

200×年		凭证		摘　　要	借方	贷方	借或贷	余额
月	日	字	号					
6	1			期初余额			借	180 000

总分类账

账户名称:生产成本

200×年		凭证		摘　要	借方	贷方	借或贷	余额
月	日	字	号					
6	1			期初余额			借	6 000
	10	转字	3	生产领料	104 000		借	136 000
	13	转字	4	生产工人工资	50 000		借	186 000
	13	转字	5	生产工人福利费	7 000		借	193 000
	18	银付	4	生产耗水电费	8 000		借	201 000
	30	转字	9	分配制造费用	32 000		借	233 500
	30	转字	10	结转完工产品成本		200 500	借	32 500
				本月合计	201 000	200 500	借	6 500

总分类账

账户名称:累计折旧

200×年		凭证		摘　要	借方	贷方	借或贷	余额
月	日	字	号					
6	1			期初余额			贷	30 000
	30	转字	8	本月折旧		8 000	贷	38 000
				本月合计		8 000	贷	38 000

总分类账

账户名称:应付利息

200×年		凭证		摘　要	借方	贷方	借或贷	余额
月	日	字	号					
6	1			期初余额			贷	5 000

总分类账

账户名称:应交税费

200×年		凭证		摘　　要	借方	贷方	借或贷	余额
月	日	字	号					
6	1			期初余额			贷	56 000
	4	银付	1	购料进项税金	3 400		贷	52 600
	5	银收	1	销售销项税金		39 100	贷	91 700
	6	银付	2	购料进项税金	13 600		贷	78 100
	16	转字	6	销售销项税金		3 400	贷	81 500
	19	转字	7	销售销项税金		8 500	贷	90 000
	30	转字	15	计提所得税费用		24 250	贷	114 250
	30	银付	8	支付税金	56 000		贷	58 250
				本月合计	73 000	75 250	贷	58 250

总分类账

账户名称:管理费用

200×年		凭证		摘　　要	借方	贷方	借或贷	余额
月	日	字	号					
6	10	转字	3	厂部耗料	9 000		借	9 000
	13	转字	4	厂部管理人员工资	6 000		借	15 000
	13	转字	5	厂部人员福利费	840		借	15 840
	18	银付	4	厂部耗用水电费	1 500		借	17 340
	20	银付	5	支付办公费用	1 060		借	18 400
	24	银付	7	支付报刊费	3 600		借	22 000
	30	转字	8	厂部折旧费	2 000		借	24 000
	30	转字	13	结转到本年利润		24 000	平	
				本月合计	24 000	24 000	平	

总分类账

账户名称:主营业务成本

200×年		凭证		摘　　要	借方	贷方	借或贷	余额
月	日	字	号					
6	30	转字	11	已销产品成本	177 500		借	177 500
	30	转字	13	结转销售成本到本年利润		177 500	平	
				本月合计	177 500	177 500	平	

总分类账

账户名称:主营业务收入

200×年		凭证		摘　　要	借方	贷方	借或贷	余额
月	日	字	号					
6	5	银收	1	销售产品		230 000	贷	230 000
	16	转字	6	销售产品		20 000	贷	250 000
	19	转字	7	销售产品		50 000	贷	300 000
	30	转字	12	结转到本年利润	300 000		平	
				本月合计	300 000	300 000	平	

总分类账

账户名称:销售费用

200×年		凭证		摘　　要	借方	贷方	借或贷	余额
月	日	字	号					
6	17	现付	2	支付销售运杂费	200			200
	22	银付	6	支付产品广告费	1 300		借	1 500
	30	转字	13	结转到本年利润		1 500	平	
				本月合计	1 500	1 500	平	

总分类账

账户名称:所得税费用

200×年		凭证		摘　　要	借方	贷方	借或贷	余额
月	日	字	号					
6	30	转字	14	计提所得税费用	24 250		借	24 250
	30	转字	15	结转到本年利润		24 250	平	
				本月合计	24 250	24 250	平	

总分类账

账户名称:实收资本

200×年		凭证		摘　　要	借方	贷方	借或贷	余额
月	日	字	号					
6	1			期初余额			贷	242 000

总分类账

账户名称:盈余公积

200×年		凭证		摘　　要	借方	贷方	借或贷	余额
月	日	字	号					
6	30	转字	16	计提盈余公积		7 275	贷	7 275
				本月合计		7 275	贷	7 275

总分类账

账户名称:利润分配

200×年		凭证		摘　　要	借方	贷方	借或贷	余额
月	日	字	号					
6	1			期初余额			借	64 000
	30	转字	16		7 275			71 725

总分类账

账户名称:本年利润

200×年		凭证		摘　要	借方	贷方	借或贷	余额
月	日	字	号					
6	1			期初余额		300 000	贷	80 000
	30	转字	12	主营业务收入转入			贷	380 000
	30	转字	13	主营业成本转入	177 500		贷	202 500
	30	转字	13	销售费用转入	1 500		贷	201 000
	30	转字	15	所得税费用转入	24 250		贷	152 750
				本月合计	227 250	300 000	贷	152 750

总分类账

账户名称:应付职工薪酬

200×年		凭证		摘　要	借方	贷方	借或贷	余额
月	日	字	号					
6	13	转字	4	结转工资费用		60 000	贷	60 000
	13	转字	5	计提福利费		8 400	贷	68 400
	15	现付	1	支付工资	60 000		贷	8 400
				本月合计	60 000	68 400	贷	8 400

总分类账

账户名称:短期借款

200×年		凭证		摘　要	借方	贷方	借或贷	余额
月	日	字	号					
6	25	银收	3	取得短期借款		50 000	贷	50 000
				本月合计		50 000	贷	50 000

总分类账户发生额及余额试算平衡表

200×年6月　　　　单位:元

序号	账户名称	期初余额		本期发生额		期末余额	
		借方	贷方	借方	贷方	借方	贷方
1	库存现金	1 000		60 000	60 640	360	
2	银行存款	106 000		380 600	252 460	234 140	
3	应收账款	2 000		81 900	61 500	22 400	
4	原材料	44 000		100 000	130 000	14 000	
5	生产成本	6 000		201 000	200 500	6 500	
6	制造费用			32 000	32 000		
7	库存商品	10 000		200 500	177 500	33 000	
8	固定资产	180 000				180 000	
9	累计折旧		30 000		8 000		38 000
10	短期借款				50 000		50 000
11	应付职工薪酬			60 000	68 400		8 400
12	应付利息		5 000				5 000
13	应交税费		56 000	73 000	75 250		58 250
14	主营业务收入			300 000	300 000		
15	主营业务成本			177 500	177 500		
16	管理费用			24 000	24 000		
17	销售费用			1 500	1 500		
18	实收资本		242 000				242 000
19	本年利润		80 000	227 500	300 000		152 750
20	所得税费用			24 250	24 250		
21	盈余公积				7 275		7 275
22	利润分配	64 000		7 275		71 275	
合计		413 000	413 000	1 950 775	1 950 775	561 675	561 675

资产负债表

200×年6月30日　　单位:元

资　产	期末余额	年初余额	负债及所有者权益	期末余额	年初余额
流动资产:		107 000	流动负债:		
货币资金	234 500	2 000	短期借款	50 000	
应收账款	22 400		应付职工薪酬	8 400	
其他应收款		60 000	应付利息	5 000	5 000
存货	53 500	169 000	应交税费	58 250	56 000
流动资产合计	310 400		流动负债合计	121 650	61 000
非流动资产:		150 000	非流动负债:		
固定资产	142 000	150 000	长期借款		
非流动资产合计	142 000		非流动负债合计		
			负债合计	121 650	61 000
			所有者权益:		
			实收资本	242 000	242 000
			资本公积		
			盈余公积		
			未分配利润		
			所有者权益合计	350 750	258 000
资产总计	452 400	319 000	负债及所有者权益总计	452 400	319 000

利润表

200×年6月　　单位:元

项　目	行次	本期金额	上期金额
营业收入		300 000	
减:营业成本		177 500	
营业税金及附加			
销售费用		1 500	

续 表

项　目	行次	本期金额	上期金额
管理费用		24 000	
财务费用			
营业利润		97 000	
加:营业外收入			
减:营业外支出			
利润总额		97 000	
减:所得税费用		24 250	
净利润		72 750	

(二)

科目汇总表

200×年 6 月　　　　单位:元

会计科目	1～10 日发生额		11～20 日发生额		21～31 日发生额		合计	
	借方	贷方	借方	贷方	借方	贷方	借方	贷方
库存现金			60 000	60 200		440	60 000	60 400
银行存款	269 100	117 000		74 560	111 500	60 900	380 600	252 460
应收账款			81 900			61 500	81 900	61 500
原材料	100 000		130 000				100 000	130 000
生产成本	104 000		65 000		32 000	200 500	201 000	200 500
制造费用	17 000		8 560		6 440	32 000	32 000	32 000
库存商品				200 500	177 500	200 500	177 500	
固定资产								
累计折旧						8 000		8 000
应付账款								
应付职工薪酬			60 000	68 400			60 000	68 400
应交税费	17 000	39 100		11 900	56 000	24 250	73 000	75 250

续 表

会计科目	1～10日发生额		11～20日发生额		21～31日发生额		合计	
	借方	贷方	借方	贷方	借方	贷方	借方	贷方
短期借款								
主营业务收入						50 000		50 000
主营业务成本		230 000		70 000	300 000		300 000	300 000
管理费用	9 000		9 400		5 600	24 000	24 000	24 000
财务费用								
销售费用			200		1 300	1 500	1 500	1 500
本年利润					227 250	3000 000	227 250	300 000
所得税费用					24 250	24 250	24 250	24 250
盈余公积						7 275		7 275
利润分配					7 275		7 275	
合计	516 100	516 100	285 060	285 060	1 149 615	1 149 615	1 950 775	1 950 775

总分类账

账户名称:现金

200×年		凭证		摘 要	借方	贷方	借或贷	余额
月	日	字	号					
6	1			期初余额			借	1 000
	10	汇	1	1～10日汇总			借	1 000
	20	汇	2	11～20日汇总	60 000	60 200	借	800
	31	汇	3	21～31日汇总		440	借	360
				本月合计	60 000	60 600	借	360

总分类账

账户名称:银行存款

200×年		凭证		摘　要	借方	贷方	借或贷	余额
月	日	字	号					
6	1			期初余额			借	106 000
	10	汇	1	1～10 日汇总	269 100	117 000	借	258 100
	20	汇	2	11～20 日汇总		74 560	借	183 540
	31	汇	3	21～31 日汇总	111 500	60 900	借	234 140
				本月合计	380 600	252 460	借	234 140

总分类账

账户名称:应收账款

200×年		凭证		摘　要	借方	贷方	借或贷	余额
月	日	字	号					
6	1			期初余额			借	2 000
	10	汇	1	1～10 日汇总			借	2 000
	20	汇	2	11～20 日汇总	81 900		借	83 900
	31	汇	3	21～31 日汇总		61 500	借	22 400
				本月合计	81 900	61 500	借	22 400

总分类账

账户名称:原材料

200×年		凭证		摘　要	借方	贷方	借或贷	余额
月	日	字	号					
6	1			期初余额			借	44 000
	10	汇	1	1～10 日汇总	100 000	130 000	借	14 000
	20	汇	2	11～20 日汇总			借	
	31	汇	3	21～31 日汇总			借	
				本月合计	100 000	130 000	借	14 000

总分类账

账户名称:生产成本

200×年		凭证		摘　要	借方	贷方	借或贷	余额
月	日	字	号					
6	1			期初余额			借	6 000
	10	汇	1	1～10 日汇总	10 400		借	110 000
	20	汇	2	11～20 日汇总	65 000		借	175 000
	31	汇	3	21～31 日汇总	32 000	200 500	借	6 500
				本月合计	201 000	200 500	借	6 500

总分类账

账户名称:制造费用

200×年		凭证		摘　要	借方	贷方	借或贷	余额
月	日	字	号					
6	1			期初余额			借	
	10	汇	1	1～10 日汇总	17 000		借	17 000
	20	汇	2	1～20 日汇总	8 570		借	25 560
	31	汇	3	21～31 日汇总	6 440	32 000	平	0
				本月合计	32 000	32 000	平	0

总分类账

账户名称:库存商品

200×年		凭证		摘　要	借方	贷方	借或贷	余额
月	日	字	号					
6	1			期初余额			借	10 000
	31	汇	3	21～31 日汇总	200 500	177 500	借	33 000
				本月合计	200 500	177 500	借	33 000

总分类账

账户名称:应付职工薪酬

200×年		凭证		摘　要	借方	贷方	借或贷	余额
月	日	字	号					
6	1			期初余额				
	31	汇	3	21～31 日汇总	60 000	68 400	贷	8 400
				本月合计	60 000	68 400	贷	8 400

总分类账

账户名称:应交税费

200×年		凭证		摘　要	借方	贷方	借或贷	余额
月	日	字	号					
6	1			期初余额				56 000
	10	汇	1	1～10 日汇总	17 000	39 100	贷	78 100
	20	汇	2	11～20 日汇总		11 900	贷	90 000
	31	汇	3	21～31 日汇总	56 000	24 250	贷	58 250
				本月合计	73 000	75 250	贷	58 250

总分类账

账户名称:主营业务收入

200×年		凭证		摘　要	借方	贷方	借或贷	余额
月	日	字	号					
6	1			期初余额				
	10	汇	1	1～10 日汇总		230 000	贷	230 000
	20	汇	2	11～20 日汇总		70 000	贷	70 000
	31	汇	3	21～31 日汇总	300 000		平	
				本月合计	300 000	300 000	平	

总分类账

账户名称:短期借款

200×年		凭证		摘　要	借方	贷方	借或贷	余额
月	日	字	号					
6	1			期初余额				
	31	汇	3	21～31日汇总		50 000	贷	50 000
				本月合计		50 000	贷	50 000

总分类账

账户名称:应付利息

200×年		凭证		摘　要	借方	贷方	借或贷	余额
月	日	字	号					
6	1			期初余额			贷	5 000
	31	汇	3	21～31日汇总			贷	5 000
				本月合计			贷	5 000

总分类账

账户名称:主营业务成本

200×年		凭证		摘　要	借方	贷方	借或贷	余额
月	日	字	号					
6	1			期初余额				
	31	汇	3	21～31日汇总	177 500	177 500	平	
				本月合计	177 500	177 500	平	

总分类账

账户名称:累计折旧

200×年		凭证		摘　要	借方	贷方	借或贷	余额
月	日	字	号					
6	1			期初余额				30 000
	31	汇	3	21～31日汇总		8 000	贷	38 000
				本月合计		8 000	贷	38 000

总分类账

账户名称:销售费用

200×年		凭证		摘　要	借方	贷方	借或贷	余额
月	日	字	号					
6	1			期初余额				
	20	汇	2	11～20 日汇总	200			200
	31	汇	3	21～31 日汇总	1 300	1 500	平	
				本月合计	1 500	1 500	平	

总分类账

账户名称:管理费用

200×年		凭证		摘　要	借方	贷方	借或贷	余额
月	日	字	号					
6	10	汇	1	1～10 日汇总	9 000		借	9 000
	20	汇	2	11～20 日汇总	9 400		借	18 400
	31	汇	3	21～31 日汇总	5 600	24 000	平	
				本月合计	24 000	24 000	平	

总分类账

账户名称:所得税费用

200×年		凭证		摘　要	借方	贷方	借或贷	余额
月	日	字	号					
6	1			期初余额				
	31	汇	3	21～31 日汇总	24 250	24 250	平	
				本月合计	24 250	177 500	平	

总分类账

账户名称:实收资本

200×年		凭证		摘　要	借方	贷方	借或贷	余额
月	日	字	号					
6	1			期初余额			贷	242 000
				本月合计			贷	242 000

总分类账

账户名称:盈余公积

200×年		凭证		摘　要	借方	贷方	借或贷	余额
月	日	字	号					
6	1			期初余额				
	31	汇	3	21～31 日汇总		7 275	贷	7 275
				本月合计		7 275	贷	7 275

总分类账

账户名称:本年利润

200×年		凭证		摘　要	借方	贷方	借或贷	余额
月	日	字	号					
6	1			期初余额			贷	80 000
	31	汇	3	21～31 日汇总	227 250	300 000	贷	152 750
				本月合计	203 000	300 000	贷	152 750

总分类账

账户名称:利润分配

200×年		凭证		摘　要	借方	贷方	借或贷	余额
月	日	字	号					
6	1			期初余额			借	64 000
	31	汇	3	21～31 日汇总	7 275	7 275	借	71 275
				本月合计	7 275	7 275	借	71 275

总分类账户发生额及余额试算平衡表

200×年 6 月　　　　单位:元

序号	账户名称	期初余额		本期发生额		期末余额	
		借方	贷方	借方	贷方	借方	贷方
1	库存现金	1 000		60 000	60 640	360	
2	银行存款	106 000		380 600	252 460	234 140	
3	应收账款	2 000		81 900	61 500	22 400	
4	原材料	44 000		100 000	130 000	14 000	
5	生产成本	6 000		201 000	200 500	6 500	
6	制造费用			32 000	32 000		
7	库存商品	10 000	30 000	200 500	177 500	33 000	
8	固定资产	180 000					180 000
9	累计折旧				8 000		38 000
10	短期借款		5 000		50 000		50 000
11	应付职工薪酬		56 000	60 000	68 400		8 400
12	应付利息						5 000
13	应交税费			73 000	75 250		58 250
14	主营业务收入			300 000	300 000		
15	主营业务成本			177 500	177 500		
16	管理费用			24 000	24 000		
17	销售费用			1 500	1 500		
18	实收资本		242 000				242 000
19	本年利润		80 000	227 500	300 000		152 750
20	所得税费用			24 250	24 250		
21	盈余公积				7 275		7 275
22	利润分配	64 000		7 275		71 275	
23							
24							
25							
26							
合计		413 000	413 000	1 950 775	1 950 775	561 675	561 675

资产负债表

200×年 6 月 31 日　　　　单位:元

资　产	基本余额	年初余额	负债及所有者权益	期末余额	年初余额
流动资产:			流动负债:		
货币资金	234 500	107 000	短期借款	50 000	
应收账款	22 400	2 000	应付职工薪酬	8 400	
其他应收款			应付利息	5 000	5 000
存货	53 500	60 000	应交税费	58 250	56 000
流动资产合计	310 400	169 000			
非流动资产:			流动负债合计	121 650	61 000
固定资产	142 000	150 000	非流动负债:		
非流动资产合计	142 000	150 000	长期借款		
			非流动负债合计		
			负债合计	121 650	61 000
			所有者权益:		
			实收资本	242 000	242 000
			资本公积		
			盈余公积	7 275	
			未分配利润	81 475	16 000
			所有者权益合计	350 750	258 000
资产总计	452 400	319 000	负债及所有者权益总计	452 400	319 000

利润表

200×年 6 月　　　　单位:元

项　目	行次	本期金额	上期金额
营业收入		300 000	
减:营业成本		177 500	
营业税金及附加			

续 表

项 目	行次	本期金额	上期金额
销售费用		1 500	
管理费用		24 000	
财务费用			
营业利润 加:营业外收入 减:营业外支出		97 000	
利润总额 减:所得税费用		97 000 24 250	
净利润		72 750	

(三)

现金汇总付款凭证

贷方科目:库存现金　　　　200×年 6 月　　　　汇付字:1 号

借方科目	发生额				总账页数	
	1～10 日	11～20 日	21～31 日	合计	借方	贷方
应付职工薪酬 销售费用 制造费用		60 000 200	 440		略	略
合计		60 200	440	60 640		

银行存款汇总收款凭证

借方科目:银行存款　　　　200×年 6 月　　　　汇收字:1 号

借方科目	发生额				总账页数	
	1～10 日	11～20 日	21～31 日	合计	借方	贷方
主营业务收入 销项税额 应收账款 短期借款	230 000 39 100		 61 500 50 000	230 000 39 100	略	略
合计	269 100		111 500	380 600		

银行存款汇总付款凭证

贷方科目:银行存款　　200×年 6 月　　汇付字:2 号

借方科目	发生额			总账页数		
	1～10 日	11～20 日	21～31 日	合计	借方	贷方
材料采购	100 000			100 000	略	略
进项税额	17 000			17 000		
库存现金		60 000		60 000		
管理费用		2 560	3 600	6 160		
制造费用		4 000		4 000		
生产成本		8 000		8 000		
销售费用			1 300	1 300		
应交税费			56 000	56 000		
合计	117 000	74 560	60 900	252 460		

汇总转账凭证

贷方科目:材料采购　　200×年 6 月　　汇转字:1 号

借方科目	发生额			总账页数		
	1～10 日	11～20 日	21～31 日	合计	借方	贷方
原材料	100 000			100 000	略	略
合计	100 000			100 000		

汇总转账凭证

贷方科目:原材料　　200×年 6 月　　汇转字:2 号

借方科目	发生额			总账页数		
	1～10 日	11～20 日	21～31 日	合计	借方	贷方
生产成本	104 000			104 000	略	略
管理费用	9 000			9 000		
制造费用	17 000			17 000		
合计	130 000			130 000		

汇总转账凭证

贷方科目:应付职工薪酬　　200×年 6 月　　汇转字:3 号

借方科目	发生额			总账页数		
	1～10 日	11～20 日	21～31 日	合计	借方	贷方
生产成本	57 000			57 000	略	略
管理费用	6 840			6 840		
制造费用	4 560			4 560		
合计	68 400			68 400		

汇总转账凭证

贷方科目:累计折旧　　200×年 6 月　　汇转字:4 号

借方科目	发生额			总账页数		
	1～10 日	11～20 日	21～31 日	合计	借方	贷方
制造费用			6 000	6 000	略	略
管理费用			2 000	2 000		
合计			8 000	8 000		

汇总转账凭证

贷方科目:制造费用　　200×年 6 月　　汇转字:5 号

借方科目	发生额			总账页数		
	1～10 日	11～20 日	21～31 日	合计	借方	贷方
生产成本			32 000	32 000	略	略
合计			32 000	32 000		

汇总转账凭证

贷方科目:生产成本　　200×年 6 月　　汇转字:6 号

借方科目	发生额			总账页数		
	1～10 日	11～20 日	21～31 日	合计	借方	贷方
库存商品			200 500	200 500	略	略
合计			200 500	200 500		

汇总转账凭证

贷方科目:管理费用　　　　200×年 6 月　　　　汇转字:7 号

借方科目	发生额			总账页数		
	1～10 日	11～20 日	21～31 日	合计	借方	贷方
本年利润			24 000	24 000	略	略
合计			24 000	24 000		

汇总转账凭证

贷方科目:销售费用　　　　200×年 6 月　　　　汇转字:8 号

借方科目	发生额			总账页数		
	1～10 日	11～20 日	21～31 日	合计	借方	贷方
本年利润			1 500	1 500	略	略
合计			1 500	1 500		

汇总转账凭证

贷方科目:主营业务成本　　　　200×年 6 月　　　　汇转字:9 号

借方科目	发生额			总账页数		
	1～10 日	11～20 日	21～31 日	合计	借方	贷方
本年利润			177 500	177 500	略	略
合计			177 500	177 500		

汇总转账凭证

贷方科目:所得税费用　　　　200×年 6 月　　　　汇转字:10 号

借方科目	发生额			总账页数		
	1～10 日	11～20 日	21～31 日	合计	借方	贷方
本年利润			24 250	24 250	略	略
合计			24 250	24 250		

汇总转账凭证

贷方科目:主营业务收入　　200×年 6 月　　汇转字:11 号

借方科目	发生额			总账页数		
	1～10 日	11～20 日	21～31 日	合计	借方	贷方
银行存款	230 000			230 000	略	略
应收账款		70 000		70 000		
合计	230 000	70 000		300 000		

汇总转账凭证

贷方科目:应交税费　　200×年 6 月　　汇转字:12 号

借方科目	发生额			总账页数		
	1～10 日	11～20 日	21～31 日	合计	借方	贷方
银行存款	39 100				略	略
应收账款		11 900		11 900		
所得税费用			24 250	24 250		
合计	39 100	11 900	24 250	75 250		

汇总转账凭证

贷方科目:本年利润　　200×年 6 月　　汇转字:13 号

借方科目	发生额			总账页数		
	1～10 日	11～20 日	21～31 日	合计	借方	贷方
主营业务收入			300 000	300 000	略	略
合计			300 000	300 000		

汇总转账凭证

贷方科目:盈余公积　　200×年 6 月　　汇转字:14 号

借方科目	发生额			总账页数		
	1～10 日	11～20 日	21～31 日	合计	借方	贷方
利润分配			7 275	7 275	略	略
合计			7 275	7 275		

汇总转账凭证

贷方科目:库存商品　　200×年6月　　汇转字:15号

借方科目	发生额				总账页数	
	1～10日	11～20日	21～31日	合计	借方	贷方
主营业务成本			177 500	177 500	略	略
合计			177 500	177 500		

总分类账

账户名称:库存现金

200×年		凭证		摘要	借方	贷方	借或贷	余额
月	日	字	号					
6	1			期初余额			借	1 000
	30	汇付	1	根据汇总银行付款凭证	60 000		借	61 000
	30	汇收	2	根据汇总现金付款凭证		60 640	借	360
				本月合计	60 000	60 640	借	360

总分类账

账户名称:银行存款

200×年		凭证		摘要	借方	贷方	借或贷	余额
月	日	字	号					
6	1			期初余额			借	106 000
	30	汇收	1	根据汇总银行收款凭证	380 600		借	486 600
	30	汇付	2	根据汇总银行付款凭证		252 460	借	234 140
				本月合计	380 600	252 460	借	234 140

总分类账

账户名称:原材料

200×年		凭证		摘　要	借方	贷方	借或贷	余额
月	日	字	号					
6	1			期初余额			借	44 000
	30	汇转	1	根据汇总转账凭证	100 000		借	144 000
	30	汇转	2	根据汇总转账凭证		130 000	借	14 000
				本月合计	100 000	130 000	借	14 000

总分类账

账户名称:应付职工薪酬

200×年		凭证		摘　要	借方	贷方	借或贷	余额
月	日	字	号					
6	30	汇转	3	根据汇总转账凭证		68 400	贷	68 400
	30	汇付	1	根据汇总转账凭证	60 000		贷	8 400
				本月合计	60 000	68 400	贷	8 400

总分类账

账户名称:累计折旧

200×年		凭证		摘　要	借方	贷方	借或贷	余额
月	日	字	号					
6	1			期初余额			贷	30 000
	30	汇转	4	根据汇总转账凭证		8 000	贷	38 000
				本月合计		8 000	贷	38 000

总分类账

账户名称:制造费用

200×年		凭证		摘　要	借方	贷方	借或贷	余额
月	日	字	号					
6	30	汇付	1	根据汇总银付凭证	440		借	440
	30	汇付	2	根据汇总银付凭证	4 000		借	4 440
	30	汇转	2	根据汇总转账凭证	17 000		借	21 440
	30	汇转	3	根据汇总转账凭证	4 560		借	26 000
	30	汇转	4	根据汇总转账凭证	6 000		借	32 000
	30	汇付	2	根据汇总银付凭证		32 000	平	
				本月合计	32 000	32 000	平	

总分类账

账户名称:生产成本

200×年		凭证		摘　要	借方	贷方	借或贷	余额
月	日	字	号					
6	1			期初余额			借	6 000
	30	汇转	2	根据汇总转账凭证	104 000		借	110 000
	30	汇转	3	根据汇总转账凭证	57 000		借	167 000
	30	汇转	5	根据汇总转账凭证	32 000		借	199 000
	30	汇付	2	根据汇总银付凭证	8 000		借	207 000
	30	汇转	6	根据汇总转账凭证		200 500	借	6 500
				本月合计	201 000	200 500	贷	6 500

总分类账

账户名称:管理费用

200×年		凭证		摘　要	借方	贷方	借或贷	余额
月	日	字	号					
6	30	汇付	2	根据汇总银付凭证	6 160		借	6 160
	30	汇转	2	根据汇总转账凭证	9 000		借	15 160
	30	汇转	3	根据汇总转账凭证	6 840		借	22 000
	30	汇转	4	根据汇总转账凭证	2 000		借	24 000
	30	汇转	7	根据汇总转账凭证		24 000	平	
				本月合计		24 000	平	

总分类账

账户名称:销售费用

200×年		凭证		摘　要	借方	贷方	借或贷	余额
月	日	字	号					
6	30	汇付	1	根据汇总银付凭证	200		借	200
	30	汇付	2	根据汇总银付凭证	1 300		借	1 500
	30	汇转	8	根据汇总转账凭证		1 500	平	
				本月合计	1 500	1 500	平	

总分类账

账户名称:主营业务成本

200×年		凭证		摘　要	借方	贷方	借或贷	余额
月	日	字	号					
6	30	汇转	9	根据汇总转账凭证		177 500	贷	177 500
				本月合计		177 500	贷	177 500

总分类账

账户名称:本年利润

200×年		凭证		摘　要	借方	贷方	借或贷	余额
月	日	字	号					
6	1			期初余额			贷	80 000
	30	汇转	7	根据汇总转账凭证	24 000		贷	56 000
	30	汇转	8	根据汇总转账凭证	1 500		贷	54 500
	30	汇转	9	根据汇总转账凭证	177 500		借	123 000
	30	汇转	10	根据汇总转账凭证	24 250		借	147 250
	30	汇转	11	根据汇总转账凭证		300 000	贷	152 750
				本月合计	203 000	300 000	贷	152 750

总分类账

账户名称:应交税费

200×年		凭证		摘　要	借方	贷方	借或贷	余额
月	日	字	号					
6	1			期初余额			贷	56 000
	30	汇收	1	根据汇总收款凭证		39 100	贷	95 100
	30	汇付	2	根据汇总付款凭证	17 000		贷	78 100
	30	汇付	2	根据汇总付款凭证	56 000		贷	22 100
	30	汇转	12	根据汇总转账凭证		24 250	贷	46 350
	30	汇转	13	根据汇总转账凭证		11 900	贷	58 250
				本月合计	73 000	75 250	贷	58 250

总分类账

账户名称:主营业务收入

200×年		凭证		摘　要	借方	贷方	借或贷	余额
月	日	字	号					
6	30	汇转	11	根据汇总转账凭证		300 000	贷	300 000
	30	汇转	13	根据汇总转账凭证	300 000		平	
				本月合计	300 000	300 000	平	

总分类账

账户名称:盈余公积

200×年		凭证		摘　要	借方	贷方	借或贷	余额
月	日	字	号					
6	30	汇转	14	根据汇总转账凭证		7 275	贷	7 275
				本月合计		7 275	贷	7 275

总分类账

账户名称:利润分配

200×年		凭证		摘　要	借方	贷方	借或贷	余额
月	日	字	号					
6	1			期初余额			借	64 000
	30	汇转	14	根据汇总转账凭证	7 275		借	71 275
				本月合计	7 275		借	71 275

总分类账

账户名称:固定资产

200×年		凭证		摘　要	借方	贷方	借或贷	余额
月	日	字	号					
6	1			期初余额			借	180 000
	30			期末余额			借	180 000

总分类账

账户名称:应收账款

200×年		凭证		摘　要	借方	贷方	借或贷	余额
月	日	字	号					
6	1			期初余额			借	2 000
	30	汇收	1	根据汇总收款凭证		61 500	贷	59 500
	30	汇转	11	根据汇总转账凭证	70 000		借	10 500
	30	汇转	12	根据汇总转账凭证	11 900		借	22 400
				本月合计	81 900	61 500	借	22 400

总分类账

账户名称:库存商品

200×年		凭证		摘　要	借方	贷方	借或贷	余额
月	日	字	号					
6	1			期初余额			借	10 000
	30	汇转	6	根据汇总转账凭证	200 500		借	210 500
	30	汇转	15	根据汇总转账凭证		177 500	借	33 000
				本月合计	200 500	177 500	借	33 000

总分类账

账户名称:应付利息

200×年		凭证		摘　要	借方	贷方	借或贷	余额
月	日	字	号					
6	1			期初余额			贷	5 000
	30			期末余额			贷	5 000

总分类账

账户名称:实收资本

200×年		凭证		摘 要	借方	贷方	借或贷	余额
月	日	字	号					
6	1			期初余额			贷	242 000
	30			期末余额			贷	242 000

总分类账

账户名称:短期借款

200×年		凭证		摘 要	借方	贷方	借或贷	余额
月	日	字	号					
6	30	汇收	1	根据汇总收款凭证		50 000	贷	50 000
	30			期末余额		50 000	贷	50 000

总分类账

账户名称:所得税费用

200×年		凭证		摘 要	借方	贷方	借或贷	余额
月	日	字	号					
6	30	汇收	1	根据汇总收款凭证		50 000	贷	50 000
	30			期末余额		50 000	贷	50 000

第八章

一、单项选择题

1.B　2.D　3.B　4.D　5.D

二、多项选择题

1.ABCD　2.CD　3. BC　4.ABCDE　5.ABC

三、判断题

1. 对　2. 对　3. 错　4. 对　5. 错

四、业务题

(一)

银行存款余额调节表

单位名称:光明公司　　2006年10月31日　　单位:元

企业银行存款账面余额	95 000	银行对账单账面余额	97 000
加:银行已收企业未收款项	7 800	加:企业已收银行未收款项	6 500
减:银行已付企业未付款项	800	减:企业已付银行未付款项	1 500
调节后存款余额	10 200	调节后存款余额	10 200

(二)审批前会计分录:

(1)借:待处理财产损溢——待处理固定资产损溢　3 800
　　累计折旧　1 400
　贷:固定资产　5 200

(2)借:固定资产　6 000
　贷:待处理财产损溢——待处理固定资产损溢　6 000

(3)借:待处理财产损溢——待处理流动资产损溢　210
　贷:原材料　210

(4)借:待处理财产损溢——待处理流动资产损溢　187.20
　贷:原材料　160
　　应交税费—应交增值税(进项税额转出)　27.20

(5)借:原材料　750
　贷:待处理财产损溢——待处理流动资产损溢　750

(6)不做账务处理

审批后会计分录:

(1)借:营业外支出　3 800
　贷:待处理财产损溢——待处理固定资产损溢　3 800

(2)借:待处理财产损溢——待处理固定资产损溢　6 000
　贷:营业外收入(实务:以前年度损益调整)　6 000

(3)借:管理费用 210
　　贷:待处理财产损溢——待处理流动资产损溢 210
(4)借:其他应收款——×× 187.20
　　贷:待处理财产损溢——待处理流动资产损溢 187.20
(5)借:待处理财产损溢——待处理流动资产损溢 750
　　贷:应付账款 750
(6)借:营业外支出 250
　　贷:其他应收款 250

(三)

10月份甲材料量=65 000+1 230 000−45 000=143 000(件)

10月份甲材料发出金额=143 000×0.1=14 300(元)

第九章

一、单项选择题

1. A　2. D　3. C　4. C　5. D

二、多项选择题

1. ABCD　2. ABC　3. BCD　4. BC　5. BC

三、判断题

1. 错　2. 错　3. 错　4. 对　5. 错

四、业务题

(一)

资产负债表

会企01表

编制单位:华宇公司　　2008年12月31日　　单位:万元

资　产	期末余额	年初余额	负债和所有者权益(或股东权益)	期末余额	年初余额
流动资产:			流动负债:		
货币资金	1 100	3 000	短期借款		1 000
交易性金融资产	0	0	交易性金融负债		0

续表

资　产	期末余额	年初余额	负债和所有者权益（或股东权益）	期末余额	年初余额
应收票据	3 500	3 000	应付票据	1 000	0
应收账款	1 800	1 500	应付账款	3 000	2 000
预付款项	670	0	预收款项	200	200
应收利息	0	0	应付职工薪酬	1 000	2 200
应收股利	0	0	应交税费	800	1 000
其他应收款	0	0	应付利息		0
存货	1 330	3 600	应付股利		0
一年内到期的非流动资产	0	0	其他应付款		0
其他流动资产	0	0	一年内到期的非流动负债		0
流动资产合计	8 400	11 100	其他流动负债		0
非流动资产：			流动负债合计	6 000	6 400
可供出售金融资产	0	0	非流动负债：		
持有至到期投资	0	200	长期借款	2 000	2 000
长期应收款	0	0	应付债券	600	600
长期股权投资	4 800	1 800	长期应付款		0
投资性房地产	0	0	专项应付款		0
固定资产	5 000	3 200	预计负债		0
在建工程	0	0	递延所得税负债		0
工程物资	0	0	其他非流动负债		0
固定资产清理	0	0	非流动负债合计		2 600
生产性生物资产	0	0	负债合计		9 000
油气资产	0	0	所有者权益（或股东权益）：		
无形资产	600	700	实收资本（或股本）	4 000	4 000
开发支出	0	0	资本公积	800	800
商誉	0	0	减：库存股		
长期待摊费用	0	0	盈余公积	1 000	700
递延所得税资产	0	0	未分配利润	5 200	2 500
其他非流动资产	0	0	所有者权益（或股东权益）合计	12 800	8 000
非流动资产合计	10 600	5 900			
资产总计	18 800	17 000	负债和所有者权益（或股东权益）总计	18 800	17 000

（二）

利 润 表

会企 02 表

编制单位：华宇公司　　　　2008 年度　　　　单位：万元

项　目	本期金额	上期金额
营业收入	10 000	略
减：营业成本	5 000	
营业税金及附加	100	
销售费用	200	
管理费用	500	
财务费用	20	
资产减值损失	500	
加：公允价值变动收益（损失以“－”号填列）		
投资收益（损失以“－”号填列）	100	
其中：对联营企业和合营企业的投资收益		
营业利润（亏损以“－”号填列）	3 780	
加：营业外收入	300	
减：营业外支出	200	
其中：非流动资产处置损失		
利润总额（亏损总额以“－”号填列）	3 880	
减：所得税费用	880	
净利润（净亏损以“－”号填列）	3 000	
每股收益：	略	
基本每股收益		
稀释每股收益		

第十章

一、单项选择题

1. B　2. D　3. A　4. C　5. C

二、多项选择题

1. ABDE　2. AC　3. ABCD　4. ABC　5. ABC

三、判断题

1. 错　2. 错　3. 对　4. 错　5. 对

基础会计综合测试题一

一、单项选择题

1. D　2. C　3. D　4. D　5. D　6. B　7. C　8. D　9. A　10. B

二、多项选择题

1. AC　2. CD　3. AB　4. BD　5. AD　6. AD　7. AD　8. AD　9. AC　10. ACD

三、判断题

1. 错　2. 错　3. 对　4. 对　5. 错　6. 错　7. 错　8. 错　9. 错　10. 对

四、业务题

(一)　　银行存款余额调节表

200×年 12 月 31 日　　单位:元

项　目	金额	项　目	金额
企业银行存款日记账	23 200	银行对账单余额	28 400
加:银行已收,企业未收	4 800	加:企业已收,银行未付	1 000
减:银行已付,企业未付	6 000	减:企业已付,银行未付	2 000
调节后的存款余额	27 400	调节后的存款余额	27 400

(二)应采用红字更正法进行更正。

更正方法：先填制一张红字更正记账凭证，作如下分录：

借：管理费用 [2 000]

贷：现金 [2 000]

然后用蓝字重新填制一张正确凭证，其会计分录如下：

借：其他应收款—— 王某 2 000

贷：现金 2 000

并据此登记入账。

(三)(1)货币资金＝6 000＋130 000＝136 000(元)

(2)应收账款＝84 000－4 000＝76 000(元)

(3)存货＝370 000＋200 000＋190 000＝760 000(元)

(4)固定资产＝2 800 000－300 000＝2 500 000(元)

(5)未分配利润＝200 000－120 600＝79 400(元)

基础会计综合测试题二

一、单项选择题

1.A 2.A 3.B 4.B 5.B 6.C 7.C 8.B 9.D 10.D

二、多项选择题

1.ABCD 2.ABCDE 3.AB 4.AD 5.ACD 6.ACE
7.BDE 8.ACDE 9.AE 10.BCDE

三、判断题

1.错 2.对 3.对 4.错 5.对 6.对 7.错 8.对 9.错 10.错

四、业务题

(一)(1)借：原材料 150 000

贷：材料采购 150 000

(2)借：应交税费 15 000

贷：银行存款 150 000

(3)借:银行存款　　100 500
　　贷:应收账款　　100 500
(4)借:银行存款　　60 000
　　贷:预收账款　　60 000
(5)借:生产成本　　12 000
　　贷:原材料　　12 000
(6)借:固定资产　　250 000
　　贷:实收资本　　250 000
(7)借:销售费用　　50 000
　　贷:银行存款　　50 000
(8)借:制造费用　　8 000
　　　管理费用　　13 000
　　贷:累计折旧　　21 000
(9)借:主营业务收入　　600 000
　　　营业外收入　　1 000
　　贷:本年利润　　601 000
(10)借:本年利润　　479 000
　　贷:主营业务成本　　250 000
　　　营业税金及附加　　3 000
　　　销售费用　　50 000
　　　管理费用　　100 000
　　　财务费用　　40 000
　　　营业外支出　　6 000
　　　所得税费用　　30 000

(二)

试算平衡表

2009 年 6 月 30 日　　单位:元

账户	期初余额		本期发生额		期末余额	
	借方	贷方	借方	贷方	借方	贷方
库存现金	5 000		15 000		(20 000)	
银行存款	55 000		25 000	28 000	(52 000)	

续表

账户	期初余额		本期发生额		期末余额	
	借方	贷方	借方	贷方	借方	贷方
原材料	35 000		6 600		(41 600)	
固定资产	192 000				192 000	
短期借款		46 000	10 000			(36 000)
应付账款		16 800	3 000	6 600		(20 400)
实收资本		80 000		25 000		(105 000)
盈余公积		144 200				144 200
合计	287 000	287 000	(59 600)	(59 600)	(305 600)	(305 600)

(三)

原材料实存账存对比表

单位名称:京诚公司　　　　2009 年 12 月 31 日

名称	计量单位	单价	实存		账存		对比结果			
							盘盈		盘亏	
			数量	金额	数量	金额	数量	金额	数量	金额
甲	千克	略	略	360 000	略	363 000	略		略	3 000
乙	千克	略	略	170 000	略	168 000	略	2 000	略	
金额合计				略		略		略		略

单位负责人签章:×××　　　　填表人签章:×××

基础会计综合测试题三

一、单项选择题

1. D　2. D　3. C　4. D　5. C　6. A　7. A　8. B　9. B　10. D　11. D　12. C　13. B　14. A　15. B

二、多项选择题

1. AB　2. ABD　3. ABC　4. ABC　5. ABCD　6. CD　7. ABD　8. BCD

9. BC　10. AC

三、判断题

1. 错　2. 错　3. 错　4. 对　5.　6. 对　7. 错　8. 对　9. 错　10. 错

四、业务题

(一)

生产成本明细账

产品名称：A 产品　　　　单位：元

20××年		摘要	成本项目				合计
月	日		直接材料	直接人工	动力	制造费用	
10	1	月初余额	4 000	2 000	1 000	500	7 500
	6	领料	160 000				160 000
	30	分配工资		80 000			80 000
	31	结算动力			20 000		20 000
	31	分配制造费用					120 000
	31	本月合计	160 000	80 000	20 000	12 000	272 000
	31	结转完工产品成本	164 000	82 000	21 000	125 000	279 500

(二)

制造费用分配表

20××年 10 月 31 日

产品名称	分配标准（产品生产工时）	制造费用	
		分配率	分配额
甲	10 000	0.195	1 950
乙	30 000	0.195	5 850
丙	40 000	0.195	7 800
合计	80 000		15 600